国家社会科学基金重大项目（17ZDA046）资助
福建省社会科学规划项目（FJ2019B134）资助
华侨大学高层次人才科研启动项目（19SKBS105）资助

中国与“一带一路”国家钢铁产能合作研究

RESEARCH ON IRON AND STEEL CAPACITY COOPERATION BETWEEN CHINA AND THE COUNTRIES ALONG “THE BELT AND ROAD”

刘京星 刘天琦◎著

经济管理出版社
ECONOMY & MANAGEMENT PUBLISHING HOUSE

图书在版编目（CIP）数据

中国与“一带一路”国家钢铁产能合作研究/刘京星，刘天琦著.—北京：经济管理出版社，2020.11

ISBN 978-7-5096-7644-8

Ⅰ.①中…　Ⅱ.①刘…②刘…　Ⅲ.①“一带一路”—钢铁工业—国际合作—研究　Ⅳ.①F416.31

中国版本图书馆 CIP 数据核字（2020）第 247795 号

组稿编辑：郭丽娟
责任编辑：任爱清
责任印制：任爱清
责任校对：陈　颖

出版发行：经济管理出版社
（北京市海淀区北蜂窝 8 号中雅大厦 A 座 11 层　100038）
网　　址：www.E-mp.com.cn
电　　话：（010）51915602
印　　刷：北京玺诚印务有限公司
经　　销：新华书店
开　　本：720mm×1000mm/16
印　　张：12
字　　数：191 千字
版　　次：2021 年 1 月第 1 版　　2021 年 1 月第 1 次印刷
书　　号：ISBN 978-7-5096-7644-8
定　　价：65.00 元

序　言

“一带一路”倡议是中国最高决策层主动应对全球形势深刻变化、统筹国内国际两个大局，审时度势作出的重大战略决策。进入经济新常态后，国际国内形势发生了深刻变化：步入改革深水区的对外开放面临调整转向，产能过剩化解与产业转型升级遇到新难题，“马六甲之困”使能源安全形势加剧，在经济全球化与区域经济一体化进程中“中国威胁论”甚嚣尘上，美国“重返”亚太与中国参与建构国际经济新秩序矛盾凸显，全球经济发展格局重构需要寻找新的合作伙伴和产业对接国。在这种背景下，如何把中国的发展与世界各国的发展紧密地结合在一起突破发展困境？需要战略智慧。2013 年 9 月，国家主席习近平在访问中亚四国时，在哈萨克斯坦提出共同建设“丝绸之路经济带”的倡议，并提出从加强“政策沟通、道路联通、贸易畅通、货币流通、民心相通”五个方面入手，构建跨区域大合作格局。一个月后的 2013 年 10 月，国家主席习近平在访问印度尼西亚时，又提出中国与东盟国家共同建设“21 世纪海上丝绸之路”的倡议，同时指出中国愿通过扩大同东盟国家各领域务实合作，互通有无、优势互补，共享机遇、共迎挑战，实现共同发展、共同繁荣。2013 年 11 月党的十八届三中全会明确提出要推进“一带一路”建设。在 2014 年 12 月中央经济工作会议上，党中央统筹国内国际两个大局，将建设“丝绸之路经济带”和“21 世纪海上丝绸之路”纳入全年工作任务，由此推进“一带一路”正式成为国家中长期计划。2015 年 3 月 27 日，国家三部委在海南博鳌亚洲论坛上联合发布《推动共建丝绸之路经济带和 21 世纪海上丝绸之路的愿景与行动》，并用 1/4 的篇幅专门提出“共建原则”和“合作机制”，明确“一带一路”建设模式的核心是“共建、合作”，提出打造利益共同体、命运共同体和责任共同体的目标，这标志着“一带一路”倡议开始进入全面推进建设阶段。

“一带一路”倡议，从根本上来讲就是积极适应新形势变化要求为内陆和沿边地区打开国际市场通道，培育国际市场空间，将开放腹地变为开放前沿。有序引导国际产能合作是“一带一路”倡议实施的应有之策。如果说改革开放的前30多年中国以积极“引进来”的方式深入参与经济全球化的进程，那么共建“一带一路”则标志着以中国“走出去”为鲜明特征的全球化新阶段的到来。改革开放以来，尽管中国以“引进来”的方式参与全球生产分工，制造业得到快速发展并成为“世界工厂”，但这种模式使中国长期处于全球价值链参与者角色，传统产业发展普遍面临“逐底竞争”和“低端锁定”的困境。更为严峻的是，进入“新常态”之后，不仅要素成本上升和需求条件发生了变化，而且国内产业空间“增量拓展”非常有限，国际市场存在重重贸易壁垒。要打破这种格局，中国产业必须“走出去”，开拓新空间，重构国际产业分工体系，从嵌入欧美日主导的全球价值链转换为自我主导的区域价值链，推动中国经济发展迈向中高端水平。为实现这一目标，“一带一路”倡议为此提供了可行的路径。正如李克强总理在2014~2017年的政府工作报告中指出的，推进“一带一路”合作建设，拓展国际经济技术合作发展空间，可以构建全方位对外开放发展格局。2015年国务院印发的《关于推进国际产能和装备制造合作的指导意见》明确指出，要通过“一带一路”建设推动中国从产品输出向产业输出提升。同年国务院印发的《中国制造2025》文件也提出，推进“一带一路”建设，一方面，可化解优势富余产能，促进传统产业迈进全球价值链中高端；另一方面，可推动重点产业国际化布局，鼓励高端装备、先进技术、优势产能向境外转移，推动功能升级和全球价值链转换。2017年5月，习近平主席在“一带一路”国际合作高峰论坛上指出，产业是经济之本，实现战略对接、优势互补，推动各国产业发展规划相互兼容、相互促进，要深入开展产业合作，加强国际产能和装备制造合作。可见，“一带一路”建设担负着国际产能合作与产业转移的重要任务。

作为国民经济的基础产业，钢铁行业的产能过剩问题一直受到社会各界的广泛关注，成为掣肘中国经济健康发展的顽疾。随着中国工业化进入中后期，国内对钢铁需求的增量已接近饱和，通过拉动内需的手段已很难有效化解钢铁产业的过剩产能。而国际上中美贸易摩擦不断升级，以美国为首的西方发达国家一再对中国进行地缘搅局和贸易制裁，这无疑又使中国钢铁“西进”的道路受到封堵。在此背景下，“一带一路”倡议的提出，不仅为中国钢铁产业开展国际产能合作提供了新的重要机遇，也为化解中国过剩钢铁产能找到了重要的突破口。然而，“一带一路”沿线国家经济发展不平衡，资源禀赋不同，社会制度以及文化差异较大，这就决定了其合作潜力、合作条件、合作风险、合作路径不一样，亟待我们深入研究。与以往研究从单一维度建模分析不同，本书作者基于地理距离、经济距离、文化距离和制度距离多个维度构建指标体系，综合运用拓展引力模型、随机前沿引力模型、PCA 分析法探讨中国钢铁产业开展国际产能合作问题。重点研究四个方面的内容，一是通过构建多维动态距离指标体系并将其纳入拓展引力模型分析钢铁产业国际产能合作的影响因素，探讨各维度距离对中国钢铁产业参与国际产能合作的影响；二是基于钢铁产能合作影响因素的分析结果，将地理距离作为自然因素，经济距离、制度距离和文化距离作为非效率因素纳入随机前沿引力模型分析框架，测度中国与沿线国家开展钢铁产能合作的潜力；三是通过对多维动态距离的内涵解析，构建包含地理地缘风险、经济金融风险、政治制度风险和社会文化风险在内的风险评价指标体系对中国与沿线各国开展钢铁产能合作的风险进行评估；四是基于产能合作潜力和合作风险的测算结果，构建产能合作区位选择“潜力—风险”双因素矩阵模型，进而设计中国与沿线国家开展钢铁产能合作的具体路径。

作者在研究产能合作影响因素方面发现：中国与“一带一路”沿线国家在开展钢铁产能合作中，地理“硬距离”的影响正在逐渐被弱化，经济、文化、制度等“软距离”的影响正在加强；经济距离对开展钢铁产能合作有显著的正向推动作用，而文化距离和制度距离则对开展钢铁产能合作有显著的负向阻碍作用；不同维度距离对于“一带一路”不同区位的国家产能合作影响不同，南线国家主要受文化距离的影响，中线国家主要受经济距离的影响，北线国家则主要受经济距离和制度距离的共同影响。在产能合作潜力方面研究发现：自“一带一路”倡议提出以来，中国与沿线国家钢铁产能合作正在不断深化且仍有很大的合作潜力尚未开拓，特别是位于“一带一路”北线的国家，未开发潜力高达 63.96%；中国与沿线国家的钢铁产能合作潜力存在明显的区域差异，整体表现为“南低北高”；以 2016 年的数据测算，理论上与沿线国家开展国际产能合作可以有效化解中国2677.19万吨的钢铁产能，随着“一带一路”倡议的不断推进，这一数字还将持续增加。在产能合作区位选择方面研究发现，沿线国家中不同国家的风险来源不同，其中，综合风险较低的是北线的发达国家，较高的则是南线的发展中国家；中国应优先与高潜力低风险区域的沿线国家开展钢铁产能合作，对位于不同区域的国家应该采取不同的合作策略。

本书研究有以下三个方面的创新：一是与以往研究钢铁产能过剩问题不同，作者以“一带一路”倡议为背景，从共生理论探讨化解中国钢铁产业过剩产能的问题，引入了新的分析视角；二是突破传统引力模型中的单一且静态的地理距离概念，融入“一带一路”倡议的“五通”思想，提出包含地理距离、经济距离、制度距离和文化距离在内的多维动态距离指标体系，并将其纳入引力模型，构建新的分析框架；三是系统地测度了中国与沿线国家开展钢铁产能合作的潜力和风险，构建“潜力—风险”双因素矩阵模型，探讨中国与沿线国家开展钢铁产能合作的时空特征和区位选择，这为中国合理制定钢铁产能合作路径提出了新的思路。总体而言，本书既在理论前沿问题上进行了尝试性的探索，同时又在应用上提出了一些有针对性的建议，是在理论和实践结合上比较系统地研究“一带一路”产能合作问题的一部新作。

刘友金

2020年9月

目　录

第一章　绪论 …… 1
　第一节　研究背景及意义 …… 2
　　一、研究背景 …… 2
　　二、研究意义 …… 8
　第二节　相关概念界定 …… 10
　　一、“一带一路” …… 10
　　二、国际产能合作 …… 14
　　三、多维动态距离 …… 15
　第三节　研究方案 …… 17
　　一、研究的目标与内容 …… 17
　　二、研究的思路与方法 …… 19
　第四节　主要创新点 …… 22

第二章　文献综述与理论基础 …… 23
　第一节　文献综述 …… 23
　　一、国际产能合作及其影响因素的相关研究 …… 24
　　二、国际产能合作潜力的相关研究 …… 27
　　三、国际产能合作风险的相关研究 …… 29
　　四、国际产能合作区位选择的相关研究 …… 32
　　五、文献述评 …… 35
　第二节　理论基础 …… 37

一、国际产能合作理论 …… 37
二、产业共生理论 …… 41
三、区位选择理论 …… 43
第三节　本章小结 …… 45

第三章　多维动态距离内涵、测度及对钢铁产能合作的影响 …… 46
第一节　多维动态距离维度选择 …… 46
一、多维动态距离维度选择背景 …… 47
二、多维动态距离指标的选择 …… 51
第二节　多维动态距离各维度内涵及其测度 …… 52
一、地理距离 …… 53
二、经济距离 …… 54
三、制度距离 …… 56
四、文化距离 …… 58
第三节　多维动态距离影响钢铁产能合作的机理 …… 60
第四节　本章小结 …… 63

第四章　钢铁产能合作影响因素的实证研究 …… 64
第一节　引力模型 …… 64
第二节　变量及数据来源 …… 67
第三节　模型构建 …… 69
一、模型设定 …… 69
二、估计方法 …… 70
第四节　实证结果及检验 …… 72
一、单位根检验 …… 72
二、模型选择 …… 74
三、实证结果分析 …… 75
四、进一步分线分析 …… 77
第五节　本章小结 …… 79

第五章 钢铁产能合作的潜力研究 …… 81
第一节 模型的引入与设定 …… 81
一、随机前沿引力模型引入 …… 81
二、随机前沿引力模型一般形式 …… 84
三、随机前沿引力模型的设定 …… 85
第二节 模型选择与有效性检验 …… 88
一、时变随机前沿引力模型 …… 88
二、时变随机前沿引力模型估计结果分析 …… 89
三、钢铁产能合作非效率模型 …… 91
第三节 合作效率与合作潜力测算 …… 94
一、总样本测算及分析 …… 94
二、分线样本测算及分析 …… 98
第四节 本章小结 …… 99

第六章 钢铁产能合作的区位选择研究 …… 101
第一节 产能合作区位选择关键因素 …… 101
一、合作潜力 …… 101
二、合作风险 …… 102
第二节 东道国合作风险测度 …… 102
一、研究方法 …… 102
二、合作风险评价体系构建与指标说明 …… 105
三、合作风险测度分析 …… 107
第三节 钢铁产能合作的区位选择 …… 118
一、潜力—风险矩阵构建 …… 118
二、钢铁产能合作区位选择分析 …… 118
第四节 典型区域国家钢铁需求分析 …… 121
一、“低风险、高潜力”区域 …… 121
二、“高风险、高潜力”区域 …… 123
三、“低风险、低潜力”区域 …… 126
四、“高风险、低潜力”区域 …… 128

第五节　本章小结…………………………………………………………… 130

第七章　钢铁产能合作国际比较与经验借鉴………………………………… 132
第一节　美、日产能转移的经验借鉴…………………………………………… 132
一、产能转移是产能合作的一种重要方式………………………………… 132
二、美、日产能转移的两种模式…………………………………………… 133
三、美、日产能转移的经验借鉴…………………………………………… 135
第二节　中国钢铁产业国际产能合作模式创新与对策建议………………… 136
一、钢铁产业国际产能合作模式创新……………………………………… 136
二、钢铁产业国际产能合作策略…………………………………………… 137

第八章　研究结论与展望……………………………………………………… 140
第一节　研究结论与政策启示…………………………………………………… 140
一、研究结论………………………………………………………………… 140
二、政策启示………………………………………………………………… 143
第二节　研究不足与展望………………………………………………………… 144

附录一　中国与沿线国家经济距离测算值…………………………………… 146

附录二　中国与沿线国家制度距离测算值…………………………………… 149

附录三　中国与沿线国家贸易效率测算值…………………………………… 154

参考文献………………………………………………………………………… 159

后记……………………………………………………………………………… 179

第一章 绪论

“三去一降一补”是习近平总书记在2015年中央经济工作会议上作为供给侧结构性改革主要任务提出的，其中“去产能”是首要任务，并在党的十九大报告中得到进一步明确。作为国民经济的基础产业，钢铁行业的产能过剩问题一直受到社会各界的广泛关注，成为掣肘中国经济健康发展的顽疾。如何化解中国钢铁产业的过剩产能，是摆在我们面前一个亟待解决的现实难题。随着中国经济发展进入工业化中后期，国内钢铁需求已经饱和，希冀通过拉动内需的手段已很难奏效。与此同时，现阶段中美贸易摩擦不断升级，以美国为首的西方发达国家一再对中国进行地缘搅局和贸易制裁，其中，钢铁产业更是被推到风口浪尖，增收关税、“双反”调查等手段层出不穷，这无疑使中国钢铁“西进”路径受到封堵。然而，习近平主席提出的“一带一路”倡议为解决这一难题打开了战略空间。一方面，沿线国家生产力发展不平衡，大部分国家还处于工业化初期，急需钢铁等原材料进行基础设施建设；另一方面，部分沿线国家金属矿产资源丰裕，需要开发和深度加工。可见，沿线国家经济发展的梯度格局及资源互补性，为中国与“一带一路”国家钢铁产能合作提供了现实条件。但是，由于沿线国家不仅经济发展水平参差不齐，而且种族、宗教、制度、文化等方面也存在很大差异，中国与不同沿线国家钢铁产能的合作潜力和条件不一样，需要采取有针对性的措施。本书的研究就是基于“一带一路”倡议背景和中国钢铁产业面临的现实困境展开的。

第一节 研究背景及意义

一、研究背景

钢铁是国家工业经济发展的重要物质基础，钢铁产业事关国家经济安全和国防安全，钢铁产业的健康发展具有重大的战略意义。新形势下，中国钢铁产业面临产能过剩、产业结构失衡和贸易壁垒三重难题，如何确保钢铁产业走出困境同时建立一个长效的运行机制是亟待解决的现实难题（江飞涛等，2012；贾根良和杨威，2012；黄健柏，2013；金奇，2016）。近年来，随着“一带一路”倡议的不断推进，通过国际产能合作帮助钢铁产业走出困境受到广泛的关注。国际产能合作的概念是由李克强总理在2014年12月与哈萨克斯坦总统纳扎尔巴耶夫的会谈中首次提出的（李克强，2015）。2015年4月李克强总理主持召开了中国装备“走出去”和推进国际产能合作座谈会并作了重要讲话，提出要在努力推动外贸转型、有效利用外资的基础上，加快推进国际产能合作，使中国经济与世界经济在更高层次上深度融合。同年5月，国务院关于推进国际产能和装备制造合作的指导意见明确将钢铁及有色金属列为中国重点开展国际产能合作的12个行业之一（刘开雄和赵晓辉，2015）。在这样一个大背景下，本节将从中国钢铁产业面临的现实困境、“一带一路”倡议带来的历史机遇、“一带一路”倡议带来的制度保障以及中国钢铁产业开展产能合作的基础四个方面阐述本书的研究背景。

（一）中国钢铁产业面临“内忧外患”双重困境

在经过21世纪初以来的高速发展之后，受国际金融危机以及国内、国际需求变化的冲击影响，中国金属产业积累了许多矛盾和问题，形势比较严峻，主要体现在“内忧”和“外患”两个方面：

“内忧”是指中国钢铁产业产能过剩严重、产业结构失衡。从2005年的3.5亿吨到2015年的8亿吨，中国钢铁产量高速增长。世界钢铁协会（World Steel

Association，WSA）最新发布的数据显示，2015 年中国钢铁产量占世界产量的 49.5%，产能接近 12 亿吨，而 2015 年全球钢铁名义需求仅有 15.13 亿吨，中国钢材实际消费量为 6.64 亿吨，同比下降了 5.4%，钢铁行业产能严重过剩。据统计，中国钢铁产能利用率在 2012~2016 年始终不足 75%，远低于国际通行标准，国内钢铁产业去产能的形势严峻（杨培鸿，2006；杨振，2013；杨振兵和张诚，2015）。此外，中国钢铁产业还存在结构性的失衡。一方面，在粗钢的生产上出现严重的产能过剩；另一方面，在高端产能的供给上却存在明显的短板。中国特钢产量占钢铁总产量的 6%左右，远远落后于日、德等发达国家。这种情况长期存在，既有重大经济损失，又严重影响到国家安全（江飞涛，2013）。

“外患”则是指中国钢铁出口频繁接受调查、在国际贸易中缺乏话语权。受金融危机后世界经济弱势复苏的影响，近年来贸易保护主义逐渐升温，中国钢铁企业的出口贸易频频遭到以美国和欧盟为首的西方国家的“双反”调查，特别是美国总统特朗普 2018 年 3 月 22 日签署总统备忘录，依据“301”调查结果对中国出口的“钢、铝产品”增加关税，这一事件更是将中国钢铁产业“西进”的道路彻底封死。此外，美国实施“亚太再平衡”战略，各资源国纷纷加强对矿产品的管制，全球金属资源流动格局面临很大的不确定性（李颖等，2015）。中国钢铁产业在国际贸易中同样缺乏话语权，主要表现在两个方面：一是在价格形成方面缺乏影响力，长期面临“一买就涨，一卖就跌”的窘境。欧、美、日等发达国家在全球布局中将全球资源战略作为其重要的组成部分，通过诸多大型资源型跨国公司垄断全球的资源市场。钢铁价格波动频繁，据中国钢铁工业协会（China Iron and Steel Industry Association，CISA）估计，近十年中国铁矿石、铜和铝资源进口累计损失高达 3000 亿~3500 亿美元。二是在国际贸易诉讼中屡遭败诉。受世界经济弱势复苏的影响，贸易保护主义逐渐升温，中国钢铁企业的出口贸易频频遭到以欧盟和美国为首的西方国家的“双反”调查。2015 年，国外对华启动了 98 起贸易救济调查中，钢铁及其制品和有色金属制品的占比就超过 50%。在国际贸易中长期处于弱势地位，让中国金属企业“走出去”困难重重，“两个市场，两种资源”战略的推进举步维艰（王昶和黄健柏，2014）。

（二）“一带一路”倡议为中国钢铁产业国际产能合作提供重要机遇

“一带一路”倡议是国家的重大中长期发展规划，以政策沟通、设施联通、贸易畅通、资金融通、民心相通为主要内容（韩永辉等，2015）。“一带一路”倡议的推进对中国钢铁产业开展国际产能合作的积极影响主要表现在以下三个方面：

第一，“一带一路”倡议优先打通缺失路段，畅通瓶颈路段，提升国际道路通达水平。主要包括中国经中亚、俄罗斯至欧洲、西亚至波斯湾、中国至南亚等，陆上依托国际大通道，共同打造新亚欧大陆桥。这对于中国钢铁产品出口渠道的多元化，缓解运输压力有重要意义。同时陆上进出口通道的扩大，对于缓解海上运输通道的压力，保障钢铁资源的安全有效出口也有重要的战略意义。

第二，“一带一路”倡议拉动钢铁消费需求。对于钢铁产业来说，传统的出口市场已经开拓得比较充分，增量空间不大，国内的过剩产能很难消化。“一带一路”倡议覆盖的范围非常广，涉及 43 个亚洲国家、16 个中东欧国家、4 个独联体国和 1 个非洲国家，沿线有 44 亿人口、21 万亿美元的经济规模，分别占全球的 63%和 29%。在国内消费难以加速启动的情况下，“一带一路”开辟了新的广阔出口市场。来自亚洲开发银行（Asian Development Bank，ADB）的数据显示，2010~2020 年用于亚洲基础设施建设的投资将达到 8.28 万亿美元，其中，每年的投资超过 7300 亿美元。在钢铁消费方面，每百亿元基础建设投资大约需要钢材 33 万吨。随着中亚、南亚、东南亚等地基础设施建设需求释放，对输油管道和电力等领域的投资加大将拉动全球钢铁资源需求。

第三，“一带一路”倡议提升钢铁贸易话语权。首先，“一带一路”倡议标志着中国第一次从被动的全球化参与者成为主动的国家间合作模式的创造者。中国积极与沿线国家开展经贸合作，通过帮助沿线国家发展基础设施建设赢得沿线国家对中国崛起的信任，提高中国经济的全球影响力。“一带一路”沿线国家经济具有互补性，中国拥有梯度优势。“一带一路”沿线 65 个国家工业化水平差距大，位于前工业化阶段的国家仅有尼泊尔 1 个，14 个国家处于工业化初期，16 个国家位于工业化中期，位于工业化后期的国家有 32 个，只有新加坡和以色列已经实现工业化。沿线工业化水平高于中国的国家仅有 14 个，中国拥有梯度优势进行产能转移（韩爽和李凯，2005）。“一带一路”倡议有助于中国重构地缘政治经济战略。近年来，美国为应对中国“崛起”

积极推行“亚太再平衡战略”强化东亚军事存在。在经济领域排斥中国加入经济合作俱乐部，导致中国和平发展的战略空间在东亚受到很大程度的压缩。借助“一带一路”互联互通的倡议，积极与沿线国家展开合作，构建新的地缘政治关系，有助于平衡美国施加的战略压力。

综上所述，在“一带一路”倡议背景下开展国际产能合作不仅是中国主动适应经济新常态的一项重要战略举措，也是中国企业积极适应经济全球化，参与国际产业分工，利用两个市场、两种资源的必然选择。“一带一路”倡议对钢铁产业开展国际产能合作提供了有利条件，把握好这一历史契机，积极开展国际产能合作有助于达到互利双赢的结果。

（三）“一带一路”倡议为中国钢铁产业国际产能合作提供有利的制度保障

首先，自“一带一路”倡议提出以来，中国政府在相关政策的制定上可谓不遗余力。为了配合“一带一路”倡议的推进，先后出台了《推动共建丝绸之路经济带和21世纪海上丝绸之路的愿景和行动》《关于推进国际产能和装备制造合作的指导意见》等多份支撑“一带一路”建设和国际产能合作的相关文件，为产能合作提供多角度政策支持。

其次，在产能合作机制问题上，中国政府进行了不懈的努力和探索，先后与多个国家建立双多边产能合作机制，并且努力推动省协同联动以及央企、民企、协会协同推进机制，全面推进国际合作；在合作方式方面开辟了境外经贸合作区、产业园区和第三方市场合作等多种模式，为充分利用国际合作需求创造便利；在金融支持方面不断多元化，投融资体系不断完善，开发性和政策性金融支持力度持续加大，多双边投融资机制和平台迅速发展，为“一带一路”建设和国际产能合作提供了重要保障。

再次，随着“一带一路”倡议合作框架的不断完善以及合作平台的不断优化，其在释放国际产能需求方面也发挥着日益显著的作用。从全球范围来看，目前发达国家基础设施建设需要更新、改造、完善，发展中国家特别是东盟各国等“一带一路”沿线国家仍处于经济快速发展阶段，基础设施和工业化建设需求巨大。“一带一路”倡议通过积极探索和响应，使国际产能需求得到释放，既满足了合作各方的发展要求，又为我国钢铁行业优势产能参与国际合作、共享先进成果创造了可能。

最后，“一带一路”沿线国家提供先进的钢铁产品，实现部分优势产能输出，从而带动“一带一路”沿线国家钢铁工业的发展以及基础设施水平的不断提升，这一举措得到了沿线国家的广泛认同并取得了丰硕成果。其中，比较典型的成功案例包括河钢集团收购塞尔维亚斯梅代雷沃钢铁厂，青山集团在印度尼西亚的镍铁和不锈钢项目，广西盛隆冶金在马中关丹工业园投建350万吨联合钢铁项目等。此外，在众多项目的建设中，中冶京诚、中冶南方、中冶长天、中冶赛迪等企业凭借优势技术和实力顺利完成了诸多重大工程项目的建设任务。截至2018年3月，中国各类企业累计参与投资海外铁矿项目近40个，累计投资超过300亿美元。

（四）中国与“一带一路”沿线国家具有良好的钢铁产能合作基础

中国钢铁工业具有强大的产业优势。钢铁工业经过改革开放40多年的积累和发展，在工程建设、装备技术和生产组织等方面培育了大量优势产能，形成了强大的产业配套能力，在参与国际产能合作、输出优势产能、带动“一带一路”沿线国家钢铁工业发展方面具有坚实基础和绝对优势。

首先，中国海外矿业、钢铁投资初见成效。中国钢铁企业充分利用“一带一路”沿线国家的资源条件和市场潜力，积极“走出去”投资开发铁、锰、铬等矿产资源，收购或投资建设钢铁厂，推动国际产能合作。以中钢集团、首钢集团、中信集团、河钢集团等为代表的企业，相继在澳大利亚、秘鲁、南非、加拿大等国家投资开发了恰那铁矿、中澳铁矿、加蓬蒙贝利锰矿、南非萨曼科铬业等项目。

其次，中国钢铁材料综合服务发展水平较高。随着“一带一路”沿线数座新通用型机场的逐步落成及欧亚铁路网的进一步铺建完善，钢铁及相关配套产业的需求将增大，主要包括钢材深加工、能源环保、物流、智能制造、贸易和工程设计等为钢铁工业服务的关联产业。以钢材深加工产业为例，钢材深加工是钢铁企业完成由钢铁材料生产商向钢铁材料综合服务商转变的必然选择。目前，我国已经建成的较为专业、装备精良、具有一定规模的钢材加工配送中心超过450家，年钢材加工配送能力超过5000万吨，主要分布在华南、华东、中南、京津等经济较发达地区。随着“一带一路”建设的推进，我国西部地区和“一带一路”沿线国家钢材加工配送产业将面临巨大市场空间。

最后，中国下游产业链有效地推动了中国钢铁工业“走出去”。建筑业等下游产业的发展离不开钢铁工业，“一带一路”基础设施建设以及能源、高铁、核电等装备制造业的发展，也离不开国产钢材的贡献，国内钢材市场占有率已经从2000年的84.3%提高至2017年的98.2%。未来，随着下游行业不断发展，特别是制造业迈向中高端，下游行业也会随着“一带一路”更好地走出去，这也必将带动钢铁工业走出去迈向更深更高层次。

近年来随着“一带一路”倡议和国际产能合作的有效推进，中国与沿线国家之间的经贸合作迅速升温，钢铁产业作为产能合作的重点领域更是表现出快速增长的趋势。目前，“一带一路”沿线国家已成为中国钢铁第一大出口区域。如图1-1所示的是2000~2016年中国钢铁出口总量与出口“一带一路”沿线国家总量的变化趋势，从图中可以清楚地看出，除了2008年全球金融危机导致钢铁出口出现下滑以外，从整体上来看，近17年中国钢铁出口到全球和出口到“一带一路”沿线国家的数量均呈现稳步上升的趋势。特别是自2013年“一带一路”倡议提出以来，中国出口沿线国家的钢铁总量开始占到中国总出口量的50%以上，在2013年和2016年甚至达到了惊人的60%，这表明“一带一路”沿线已然成为中国钢铁出口的第一大区域。这些年来通过与沿线国家在钢铁贸易领域的长期合作，中国已积累了与“一带一路”沿线国家开展钢铁产能合作的良好基础。

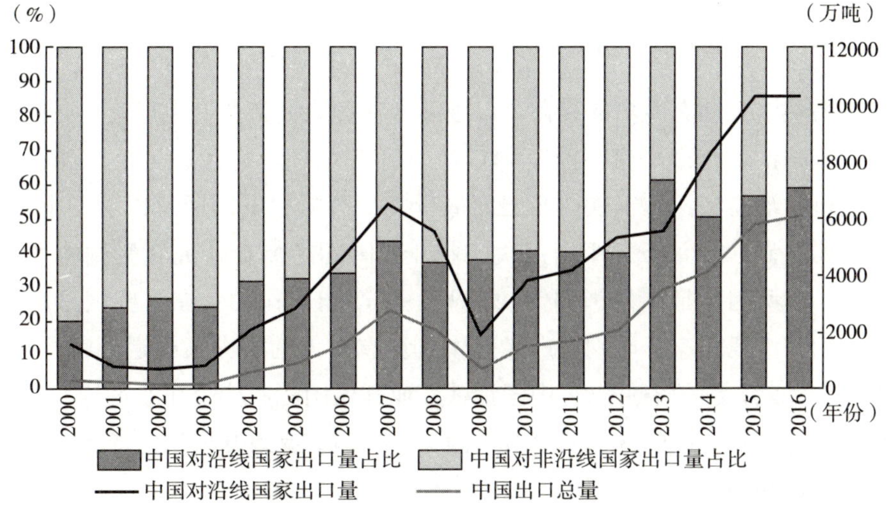

图1-1 2000~2016中国钢铁出口总量与出口“一带一路”沿线国家钢铁总量及占比

由此可见，在这样一个大背景下，中国钢铁产业的困境决定了其开展国际合作的内在需求，“一带一路”倡议则为这一需求打开了战略空间，更为重要的是，现阶段中国钢铁产业也已具备开展国际产能合作的现实条件。所以，总体而言，中国与“一带一路”国家间的产能合作既是由现实发展格局所决定，又是由未来发展的共同内在需求所决定的。首先，“一带一路”沿线国家生产力发展不平衡，不同国家之间形成梯度发展格局，既有少数率先实现工业化和现代化的国家，又有大批处在工业化初中期的后发国家，而且这些沿线国家的资源禀赋也不一样，正是由于这些国家发展阶段的差异性及其资源的互补性，构成中国与“一带一路”国家产能合作的现实基础。其次，虽然“一带一路”沿线大多数国家的工业化水平较低，但发达国家制造业的日益空心化和服务业化，已经无法承担对这些国家的产能合作功能，且发达国家与发展中国家和新兴经济体的利益诉求不一致，发达国家主张的贸易和投资规则远远超出了广大发展中国家和新兴经济体的现实条件。中国已经走进世界经济舞台中心，成为全球第二大经济体和世界第一制造大国。今天的中国，不仅具备承担对沿线国家制造业投资和产业转移功能，而且利益密切相关，合作共生是中国与“一带一路”沿线国家产能合作的内在需求。

二、研究意义

本书从多维动态距离的视角，以国际合作理论、产业共生理论和区位选择理论为基础，融合“一带一路”倡议“五通”的核心思想，构建扩展引力模型和随机前沿模型深入钢铁产业层面进行实证分析，试图回答以下四个问题：在“一带一路”倡议下，中国钢铁产业开展国际产能合作究竟受到哪些因素的影响？这些因素是如何影响钢铁产业国际产能合作的？在这些因素的影响下，中国与沿线国家开展钢铁产能合作究竟有多大的潜力又会遇到哪些风险？在潜力和风险并存的条件下，中国钢铁产业开展国际产能合作的区位和模式究竟该如何选择？这些问题的回答对中国与沿线国家有效开展钢铁产能合作具有重要的理论和现实意义。

（一）理论意义

本书研究的理论意义主要包含以下三个方面：

第一，丰富了国际合作理论。国际产能合作是在“一带一路”倡议下提出的一种新型的国际合作模式，它有别于其他类型的国际合作方式，以互利共赢为核心思想，以共同发展为目的。由于提出的时间不长，因此，相关的研究还相对匮乏。本书研究就是基于国际产能合作的视角，在“一带一路”倡议背景下对中国钢铁产业开展产能合作进行实证研究，提出一种新的分析框架，研究的结论在一定程度上能丰富国际合作理论。

第二，深化了“五通”思想的内涵。在“一带一路”倡议下“五通”的思想是习近平总书记在党的十九大报告中提出的，其内涵就是要通过与沿线国家实现“政策沟通、设施联通、贸易畅通、资金融通、民心相通”，致力于打造一个国际合作新平台，增添共同发展新动能。实现“五通”的内涵就是要与“一带一路”沿线国家在交通、经济、文化、制度等方面实现相互融通，本书就是基于这一思想并将其融入实证研究中，在传统引力模型单一考虑地理距离的基础上，构建包含地理距离、经济距离、制度距离和文化距离的多维动态距离指标体系用以衡量中国与沿线国家在交通、经济、文化、制度等领域的互联互通程度，这在一定程度上深化了“五通”思想的内涵。

第三，拓展了引力模型。传统的引力模型关键的距离变量是地理距离。然而随着社会的发展和科技的进步，交通运输成本的不断下降，地理距离这一“硬距离”指标在国际合作中的影响力也在不断减弱，此外，地理距离作为一个静态距离缺乏时变性，这在很大程度上影响了引力模型的解释力。本书结合引力模型中“距离”的概念，基于“一带一路”倡议“五通”思想构建了多维动态距离指标体系，并将其纳入引力模型的分析框架，是对传统引力模型的拓展。

（二）现实意义

本书研究的现实意义主要体现在以下四个方面：

第一，探明了中国钢铁产业开展国际产能合作的影响因素。“一带一路”沿线国家的体量庞大、发展状况迥异，彼此在经济发展、政治制度、社会文化等领域都存在很大的差异。本书从地理、经济、制度、文化四个距离维度对中国钢铁产业开展国际产能合作的影响机理进行分析，并对其进行了实证检验。研究的结果能很好地解释中国与沿线国家开展钢铁产能合作的影响因素和影响程度。

第二，测度了中国与“一带一路”沿线国家开展钢铁产能合作的潜在合作空间。中国与“一带一路”沿线国家开展钢铁产能合作究竟具有多大的潜力，和每个东道国分别又有多大的潜力，这是摆在产能合作开展前的一个亟待解决的现实问题。本书将多维动态距离作为影响因素，通过构建随机前沿引力模型对沿线东道国与中国开展钢铁产能合作的潜力进行测度，测算的结果能直观地看出中国与沿线国家在钢铁产能合作方面的合作空间，与具体每个东道国之间的合作空间，这一结论为产能合作的开展提供了现实依据。

第三，量化评价了中国与沿线国家开展钢铁产能合作的潜在风险。与以往文献对“一带一路”沿线国家的定性分析不同，本书结合沿线国家的特点同时统筹考虑各东道国与中国在多个领域的相互关系，从经济金融风险、政治制度风险、社会文化风险和地理地缘风险四个维度对沿线国家的合作风险进行了量化评估。研究的结论对中国防范与沿线国家开展产能合作中可能遇到的风险具有一定的现实意义。同时对其他产业与沿线国家开展合作中的风险防范问题也具有一定的参考价值。

第四，提供了中国与沿线国家开展产能合作的区位选择与模式选择的现实依据。本书基于对产能合作影响因素、产能合作潜力测度和东道国风险评价的实证结果，综合考虑中国与沿线国家开展钢铁产能合作的潜力和风险，构建潜力—风险区位选择矩阵将沿线国家划为多个细分区域。这一研究结果为中国制定与沿线国家开展钢铁产能合作路径提供了最为直接的依据，进而能有效引导中国钢铁产能合作有序推进。

第二节　相关概念界定

一、“一带一路”

（一）“一带一路”倡议的内容

“一带一路”倡议是指与沿线国家共建“丝绸之路经济带”和“21 世纪

海上丝绸之路”，它是由习近平总书记在 2013 年 9 月和 10 月出访中亚和东南亚国家期间先后提出的。此后，经过 2014 年前后国内各部门紧锣密鼓的设计、规划和部署，“一带一路”倡议在中国境内进一步凝聚了共识。此外，随着倡议的深化，中国与有关国家共同发起成立了亚洲基础设施投资银行（简称“亚投行”），并专门为此设立了丝路基金用以支持“一带一路”建设。

“一带一路”倡议的宗旨是促进共同发展、实现共同繁荣，同时增进理解信任、加强全方位交流。为此，中国政府秉持和平合作、开放包容、互学互鉴、互利共赢的理念，全方位推进务实合作，打造政治互信、经济融合、文化包容的利益共同体、命运共同体和责任共同体。此外，“一带一路”的合作重点是包含设施联通、政策沟通、贸易畅通、资金融通和民心相通在内的五方面具体内容。为此，“一带一路”倡议提出了以加强双边合作，开展多层次、多渠道沟通磋商，推动双边关系全面发展的全面机制。通过强化多边合作机制作用，发挥上海合作组织（Shanghai Cooperation Organization，SCO）、中国—东盟“10+1”、亚太经合组织（Asia-Pacific Economic Cooperation，APEC）等现有多边合作机制作用，相关国家加强沟通，让更多国家和地区参与“一带一路”建设。

总体而言，“一带一路”倡议试图构建一种有别于传统区域合作体系的全新的经济发展模式，其战略目标是与沿线国家共建利益共同体、责任共同体和命运共同体（卢锋等，2015；钟飞腾，2015）。国家发展改革委、外交部和商务部共同发布的关于《推动共建丝绸之路经济带和 21 世纪海上丝绸之路的愿景与行动》的文件就明确指出，“一带一路”就是一条促进共同发展、实现共同繁荣的共赢之路，同时也是增进理解信任、加强交流的友谊之路（邹嘉龄等，2015；梅燕雄等，2016）。

（二）“一带一路”倡议的评价

“一带一路”倡议在国内激起广泛讨论的同时，在国际上也引发了强烈的反响和不同的解读。以“一带一路”沿线的中亚、西亚和南亚的中小国家为例，由于这些国家的基础设施相对落后，资金严重匮乏，工业生产能力薄弱，经济发展的内生动力不足，亟待外部生产力和资金的支持，故它们对“一带一路”倡议整体上持乐观和欢迎的态度。然而，沿线一些大国的态度就较为矛盾。一方面，它们希望分享“一带一路”倡议可能带来的回报和收益；另一方面，对以中国为主导的倡议在实施过程中存在的某些不确定性和潜在风险存在担忧，故而持怀疑和观望的态度。例如，印度舆论就对“一带一路”倡议的看法存在较大分歧，“机遇论”和“挑战论”并存，印度政府则显示出谨慎应对的立场（林民旺，2015）。除了“一带一路”沿线国家以外，域外国家也对这一倡议表现出极大的关注。一方面，“一带一路”倡议本身的开放性、包容性和共赢性决定了参与国家不是固定不变的，更不会局限于沿线的国家，相反，“一带一路”倡议是对全世界各国开放的，对所有国家都始终保持欢迎的态度；另一方面，在一个相互依存、互联互通的全球化背景下，“一带一路”倡议的顺利推进除了需要沿线国家的积极响应外，也离不开域外国家特别是域外关键大国的理解和支持（马建英，2015）。

除了各国政府的态度和社会舆论的分歧之外，国内外学术界还对“一带一路”倡议有自己的理解和认知。国内学者认为，在全球经济与中国对外贸易重心逐渐向新兴经济体和发展中国家转移的大背景下，“一带一路”倡议是顺应时势提出的以畅通运输通道、实现互联互通、开展多元合作为一体的新型区域合作机制。通过共建“一带一路”能助力中国与沿线国家经济的快速增长，同时为全球经济的复苏提供新的解决思路和实现路径，其具有重要的战略意义（李向阳，2014；申现杰和肖金成，2014）。国外学者更是认为“一带一路”倡议下成立的亚洲基础设施投资银行（Asian Infrastructure Investment Bank，AIIB）是不亚于“二战”之后的布雷顿森林体系的开创性事件（Yunling，2015；Swaine，2015；Ferdinand，2016；Yu，2017）。

（三）“一带一路”倡议的范围

“一带一路”贯穿亚欧非大陆，一头是活跃的东亚经济圈，另一头是发达的欧洲经济圈，在当今世界，“一带一路”不仅有着最长的地理跨度，同时还兼具最好的发展潜力（刘翔峰，2015）。这一经济大走廊也是促进全球经济共同发展、实现社会共同繁荣的合作共赢之路。“一带”是指陆地上的“丝绸之路经济带”，从中国出发可以分为三条线路：一是从中亚、俄罗斯到达欧洲；二是从中亚、西亚出发到达波斯湾及地中海方向；三是起始于中国途经东南亚、南亚和印度洋。“一路”则是指“21世纪海上丝绸之路”，它最主要包括两条线路：第一条是从中国的沿海港口出发经南海到达印度洋，进而延伸到欧洲地区；第二条则是从中国的沿海港口出发经南海到达南太平洋地区（Krishnan，2018；Winter，2016）。本书所研究的“一带一路”沿线国家采用的是《工业化蓝皮书：“一带一路”沿线国家工业化进程报告》中的划分，其具体的国家如表 1-1 所示。

表 1-1 工业蓝皮书对“一带一路”沿线国家的划分

国家	代码	国家	代码	国家	代码	国家	代码
阿富汗	AFG	格鲁吉亚	GEO	立陶宛	LTU	俄罗斯	RUS
阿尔巴尼亚	ALB	克罗地亚	HRV	拉脱维亚	LVA	沙特阿拉伯	SAU
阿联酋	ARE	匈牙利	HUN	摩尔多瓦	MDA	新加坡	SGP
亚美尼亚	ARM	印度尼西亚	IDN	马尔代夫	MDV	塞尔维亚	SRB
阿塞拜疆	AZE	印度	IND	马其顿	MKD	斯洛伐克	SVK
孟加拉国	BGD	伊朗	IRN	缅甸	MMR	斯洛文尼亚	SVN
保加利亚	BGR	伊拉克	IRQ	黑山	MNE	叙利亚	SYR
巴林	BHR	以色列	ISR	蒙古	MNG	泰国	THA
波黑	BIH	约旦	JOR	马来西亚	MYS	塔吉克斯坦	TJK
白俄罗斯	BLR	哈萨克斯坦	KAZ	尼泊尔	NPL	土库曼斯坦	TKM
文莱	BRN	吉尔吉斯斯坦	KGZ	阿曼	OMN	东帝汶	TMP
不丹	BTN	柬埔寨	KHM	巴基斯坦	PAK	土耳其	TUR
捷克	CZE	科威特	KWT	菲律宾	PHL	乌克兰	UKR
德国	DEU	老挝	LAO	波兰	POL	乌兹别克斯坦	UZB
埃及	EGY	黎巴嫩	LBN	卡塔尔	QAT	越南	VNM
爱沙尼亚	EST	斯里兰卡	LKA	罗马尼亚	ROM	也门	YEM

由于受到不同地区经济发展程度、政治体制改革、地缘政治关系以及社会意识形态等方面因素的影响，学术界对于“一带一路”沿线国家的区域分化有不同的观点。在本书的研究中，主要从三条不同走向的线路对沿线国家进行划分，分别是南线、中线和北线（Du，2016），具体线路上的国家和主要节点城市如表 1-2 所示。

表 1-2 “一带一路”主要节点城市和沿线的主要国家（地区）

倡议框架	“一带一路”		
	南线	中线	北线
主要节点国家（地区）及城市	泉州—北海—河内—吉隆坡—雅加达—科伦坡—加尔各答—内罗毕—雅典—威尼斯	北京—阿富汗—哈萨克斯坦—匈牙利—巴黎	北美洲—北太平洋—日本、韩国—日本海—海参崴—珲春—延吉—吉林—长春—蒙古国—俄罗斯—欧洲
沿线国家（地区）	孟加拉国、斯里兰卡、印度、肯尼亚、埃及、东盟10国、南欧18国	阿富汗、哈萨克斯坦、乌兹别克斯坦、吉尔吉斯斯坦、土库曼斯坦、塔吉克斯坦、东欧11国、西欧11国	美国、加拿大、日本、韩国、中国、蒙古、欧洲45国

注：“一带一路”倡议框架的南线、中线和北线路线图取自百度百科关于“一带一路”词条的“丝路新图”。

二、国际产能合作

全球金融危机以后，依靠对外贸易拉动经济增长的传统发展模式难以为继，中国在全球经济活动中扮演的角色逐渐开始由商品供给者向资本供给者转变（张洪和梁松，2015）。为了适应这一变化，在“一带一路”倡议提出后不久，一种新的国际合作模式受到了各界的广泛关注。开展国际产能合作被视为不仅是中国主动适应经济新常态的一项重要战略举措，也是中国企业积极适应经济全球化的变化趋势，参与国际产业分工，利用两个市场、两种资源的一种必然选择。

国际产能合作概念被首次提到是在 2014 年 12 月李克强总理主持召开的第三十九次国务院常务会议上，会议提出要“推动中国优势和富余产能跨出国门、促进中外产能合作、拓展发展空间，提高中国产品尤其是装备的国际竞争力”。国际产能合作概念正式形成之后的第一次实践是中国与哈萨克斯坦在北京举行的中哈产能合作第一次对话，会上签订的《会议纪要》确定了 63 个前景清单。2015 年 5 月，李克强总理出访拉美，与巴西、哥伦比亚、秘鲁、智利四国领导人达成产能合作多项协议，开启中拉产能合作“3×3”新模式。同年6月出席第十七次中国欧盟领导人会晤，李克强总理与欧盟工商界共同探讨推动全球产能合作的方案，与法国签署了《开发第三方市场合作协议》，在第三方合作领域开展合作达成共识（袁丽梅和朱谷生，2016）。这一系列的举措标志着国际产能合作正在逐渐成为中国对外合作的新模式。

学术界普遍认为，国际产能合作反映了国际经济合作的一种新方式，它强调合作国产业间的互通有无、调剂余缺和优势互补，不同国家利用自身在不同领域的优势开展合作，实现资源的互补，这契合“一带一路”合作共赢的精神。有学者认为，国际产能合作是中国参与共建“一带一路”倡议的重要实现形式，是中国对外开放的重要创新，是升级版的中国“走出去”（王吉全，2015；闫敏，2015）。狭义的产能合作是要利用经济规模和巨大的潜在需求，通过对外投资及经济技术合作实现国家间的产能转移和产业梯次升级，主要强调过剩产能输出。广义的国际产能合作是指不同国家利用各自在技术、资本、资源等方面的优势开展合作，是一种典型的共生关系，前提是产业链上的互补和耦合，更强调互利共赢（袁丽梅和朱谷生，2016；刘勇等，2018）。但是也有西方学者将中国倡导的产能合作解读为输出过剩产能，和20世纪70年代发达工业国家向发展中国家输出劳动密集型低端制造业构建不合理国际分工等同。然而从当前的全球形势来看，中国推动的国际产能合作与简单的转移过剩产能有着本质的区别。国际产能合作的基础是平等、互利、共赢，是两个存在意愿和需要的国家或地区之间进行产能供求跨国或跨地区配置的联合行动。

从驱动中国经济发展的视角来看，开展跨境的产能合作可以有效地将国内过剩产能转变为优质产能，盘活和带动整体经济发展，同时为产业结构调整、产业转型升级提供战略机遇，有助于中国经济的转型升级，产业迈向中高端水平，从而更加聚焦国际分工的关键核心业务，推动经济全面深度融入全球化（夏先良，2015）。要实现国际产能合作的有效开展，前提是合作双方必须发挥彼此经济互补性优势，参与者必须遵循市场原则，实现资源共享，优势互补从而保证双方需求均得到满足，经济资源得到最优配置。

三、多维动态距离

距离的概念来源于引力模型中的距离变量，作为在研究双边贸易流量应用较为成熟和广泛的一种方法，引力模型具有很成熟的理论基础。引力模型的思想和概念来源于物理学中牛顿提出的万有引力定律，即两物体之间的相互吸引力与两个物体的质量大小成正比与物体之间的距离成反比。在研究国家间贸易流量的文献中，传统引力模型的距离变量普遍被认为是两国间的地理距离（空间距离）而被沿用至今。本书提出的多维动态距离则是对传统引力模型中单一地理距离变量的改进，它主要体现了多维和动态两个特点：

多维动态距离的第一个特征是多维度，传统引力模型中的关键解释变量距离是指单一的地理距离，在引力模型应用的初期，地理距离能在很大程度上反映两国贸易的阻力（谷克鉴，2001），然而随着科技的进步，交通运输的不断完善以及日趋复杂的国际形势，地理距离在国际贸易中的影响正在不断削弱，单纯考虑地理距离的引力模型也开始逐渐缺乏解释力。与此同时，引力模型中的距离概念也在不断拓展，Ghemawat（2001）指出，在国际合作中，制定和选择是否和某一国家开展合作，应该从文化、行政、地理以及经济等方面综合衡量两国之间的距离，这些差异对于开展国家间合作和制定国际化战略具有重要意义。基于此，本书构建的多维动态距离的多维性体现在采用多个维度的距离综合评价国际合作中的距离因素，从而增加实证结果的可靠性。

多维动态距离的第二个特征是动态性，主要体现在两个方面：其一，传统引力模型中的地理距离是一个静态距离，在一定时期内，地理距离是不随时间的变化而发生改变的，即不具有时变性。而本书构建的多维动态距离包含经济、制度、文化等多个距离，其在不同时点上是不尽相同的，即具有时变性。其二，本书采用动态面板模型对样本进行实证研究，对被解释变量采取滞后一期的处理，为了保证样本数量采用了2000~2016年的数据，在实证方法上也体现了多维距离的动态性，提高了模型的精度。

综上所述，不同于传统引力模型中的核心解释变量静态的地理距离，多维动态距离是指由多个距离维度构成，且随时间变化的距离指标体系。它除了能反映地理距离所能反映的影响国际合作的自然因素之外，还能反映合作中的人为因素，此外，它具有的时变性能更好地解释一些随时间变化的影响，这是对传统引力模型中距离变量内涵的拓展和深化，能更加全面地反映当今复杂国际形势下的合作影响因素。

第三节　研究方案

一、研究的目标与内容

现阶段，中国钢铁产业面临严峻的形势。就国内而言，钢铁产能严重过剩，产业结构严重失衡，产业安全状况不容乐观。从国际上来看，钢铁企业“走出去”战略举步维艰，“两个市场”“两种资源”的战略难以推行。现阶段就钢铁产业面临“内忧”“外患”的问题，中国应该紧紧抓住“一带一路”倡议这一历史契机，推进钢铁产业与沿线国家积极开展产能合作。所以，本书的总体目标是探索中国钢铁产业在“一带一路”倡议背景下如何与沿线国家进行产能合作的问题。为了研究该问题，本书着力解决：中国钢铁产业与沿线国家进行产能合作会受哪些因素的影响？中国与沿线国家开展钢铁产能合作有多大的合作潜力？中国与沿线国家开展产能合作将面临哪些风险？产能合作的区位该如何选择？针对上述四个问题，本书致力于以下七个方面的研究：

（一）理论回顾与文献综述

首先，本书对研究相关的文献进行了梳理，分别从国际产能合作影响因素、国际产能合作潜力、国际产能合作风险以及国际产能合作区位选择四个方面进行综述，从而为后续的研究指明方向。而后对全文基于的理论进行了整理和阐释，相关理论分别包括国际产能合作理论、共生理论和区位选择理论。产能合作是基于“一带一路”倡议下提出的一种新型合作模式，它以互利共赢为目的，包含多种合作方式，包括国际贸易、产业转移、对外投资等，这些理论能为全文的实证研究奠定坚实的理论基础。

（二）多维动态距离内涵、测度及对钢铁产能合作的影响

本章以“一带一路”倡议下“五通”的核心思想为基础并将其与传统引力模型中的“距离”概念相结合，构建包含地理距离、经济距离、制度距离和文化距离在内的多维动态距离指标体系。之后，本书对多维动态距离指标体系中各个维度距离的内涵和测算方法进行了阐释，从而进一步解析多维动态距离对钢铁产业国际产能合作的影响机理。

（三）钢铁产能合作影响因素的实证研究

基于前文对多维动态距离影响机理的分析，本章将多维动态距离指标体系纳入扩展的引力模型从而对其影响机理进行实证检验。具体研究过程如下，首先对引力模型的内涵和基本设定做了解释，而后对模型变量选择和数据来源进行说明。针对动态面板数据，本章对多种模型进行对比之后选择了动态高斯混合模型（Gaussian Mixture Model，GMM）模型采用Stata14软件进行回归分析。将多维动态距离指标体系作为模型的核心解释变量，选取钢铁出口量（吨）作为模型的被解释变量，得到整体样本的回归结果。此外，本书还将沿线国家分成南线、中线、北线进行分线分析，以探讨不同沿线国家的影响因素差异。最后对回归结果进行单位根检验和稳定性检验，同时对实证结果进行具体分析。

（四）钢铁产能合作潜力研究

基于多维动态距离对产能合作影响因素的实证研究结果，本章将多维动态距离中的地理距离视为贸易中的自然因素从而作为引力模型的核心解释变量，而将多维动态距离中的经济距离、制度距离和文化距离作为贸易中的人为因素纳入影响贸易的非效率项，构建随机前沿引力模型测度中国与沿线国家钢铁产能合作的潜力。具体的研究步骤如下，首先对随机前沿引力模型的设定和内涵进行解释，而后对数据进行随机前沿模型适用性检验，采用的是极大似然比检验。通过检验后，本书采用通过检验的随机前沿引力模型形式测度中国与沿线国家开展钢铁产能合作的潜力，并对模型结果进行分析。

（五）钢铁产能合作区位选择研究

本章同样以多维动态距离的内涵为基础，从地理、经济、制度和文化四个维度进行拓展，构建包含地理地缘风险、经济金融风险、政治制度风险和社会文化风险在内的风险评价指标体系，同时由于多维动态距离中的地理距离、经济距离、制度距离和文化距离指标能较好地反映东道国和母国的相互关系，所以在评价指标体系中将其作为影响双边合作的风险因子。而后对体系内的25个指标进行主成分分析（Principal Component Analysis，PCA）降维处理，得到了国家综合风险，同时也对四个维度的风险分别进行测算。最后结合前文测算得出的中国与各东道国的产能合作潜力，构建潜力—风险区位选择矩阵，为中国与“一带一路”沿线国家开展国际产能合作的区位选择提供建议。

（六）钢铁产能合作国际比较与经验借鉴

本章通过对美、日两国在20世纪与世界各国开展钢铁国际产能合作的历史进行梳理，对比分析了美、日两国在开展钢铁国际产能合作中的不同方式和路径，通过对历史经验的探索和总结提出了现阶段在“一带一路”倡议背景下中国开展钢铁国际产能合作的模式。

（七）研究的结论与政策建议

首先，本章总结通过全文研究获得的主要结论；其次，根据实证结果和结论提出中国与“一带一路”沿线国家开展国际产能合作切实可行的政策建议；最后，对全文研究尚存在的不足之处进行总结分析，提出了未来研究的改进方向。

二、研究的思路与方法

针对目前中国经济增长速度放缓、产业升级和经济发展模式转变带来的挑战，以及资源和环境双重约束难题，本书以“一带一路”倡议这一重大中长期战略为研究背景，以解决中国钢铁产业面临的现实困境为研究目的，采用多学科交叉的研究方法，对中国钢铁产业在“一带一路”倡议背景下如何发挥自身优势、摆脱产业困境的问题进行了系统的研究。本书的主要研究思路和研究方法将在下文进行详细论述。

（一）研究思路

本书采用递进式的结构思路，以中国钢铁产业和“一带一路”沿线国家为研究对象，重点探讨了中国钢铁产业与沿线国家开展国际产能合作时面临的几个重点问题。首先，本书系统地梳理了与本书相关的中外文献，并对其进行深入的探析和评述，据此提出本书的主要创新点。其次，本书遵循本领域相关学者的研究思路，依次对中国钢铁产业与沿线国家开展国际产能合作的影响因素问题、合作潜力问题、合作风险问题和区位选择问题进行了深入的分析。最后，根据每部分研究的主要结论，结合中国钢铁产业处在的现实环境与“一带一路”倡议的推进现状，尝试提出具有建设性的政策建议。

具体而言，本书解决问题的基本逻辑遵循“中国钢铁产业与沿线国家开展产能合作受哪些因素影响”→“中国与沿线国家开展钢铁产能合作有多大的潜力”→“中国与沿线国家开展钢铁产能合作将面临哪些风险”→“基于合作潜力和合作风险如何进行钢铁国际产能合作的区位选择”这一从中观到微观的思想脉络。基本研究思路如图 1-2 所示。

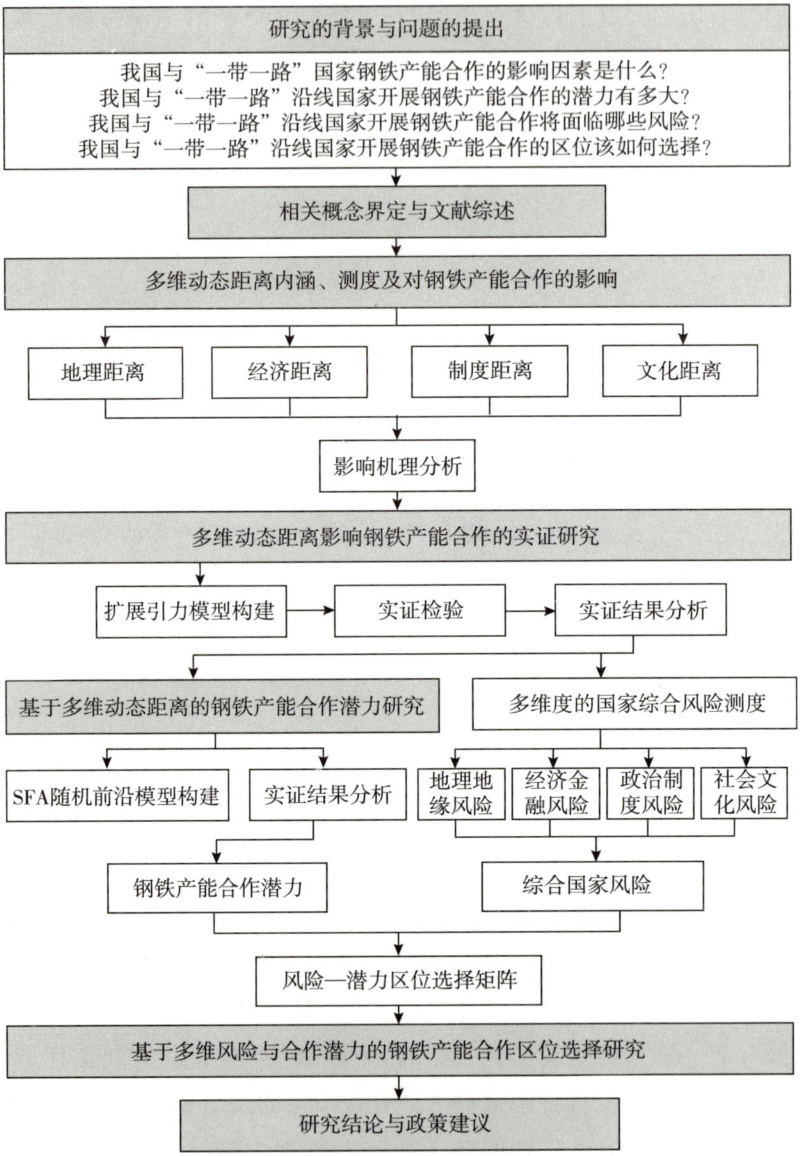

图 1-2 基本研究思路

（二）研究方法

本书在综合运用管理学、经济学、国际合作、区位选择等理论的基础上，在总体上采取理论研究与调查研究相结合、规范研究与实证研究相结合的研究方法，针对一些具体关键问题，主要采用以下研究方法：

第一，文献研究法。本书通过网络、学术期刊、学术访问、学术研讨等多种方式和手段查阅和收集最新资料，广泛阅读国内外文献资料，跟踪了解中国钢铁产业的研究现状、国际合作的相关研究，梳理研究脉络。重点研读了“一带一路”倡议下国际产能合作影响因素、国际产能合作潜力测算以及国际产能合作区位选择等相关文献，为研究提供理论借鉴。此外，本书还融合产业经济学、区域经济学、空间经济学、经济地理学、管理学等相关理论与最新成果，构建国际产能合作的分析框架与方法体系。

第二，归纳分析法。在文献研究的基础上，对各类本书领域的相关文献进行系统分类整理，探索“一带一路”倡议下中国与沿线国家开展国际产能合作相关研究的最新进展，分析研究通过推进“一带一路”倡议化解中国钢铁产业面临现实难题的理论意义，厘清本书研究在思想上、方法上、内容上的主要创新点，梳理国际产能合作、产业共生、区位选择等相关理论基础；通过归纳分析得到相关文献与理论基础对本书研究的实际意义。

第三，计量分析法、参数法。在研究中国钢铁产业与沿线国家开展国际产能合作的影响因素与合作潜力的问题上，本书采用引力模型的方法。具体而言，本书通过采用系统高斯混合模型（GMM）动态面板方法构建拓展的引力模型分析多维动态距离对钢铁产能合作的具体影响；通过构建 SFA 随机前沿引力模型（Stochastic Frontier Model，SFA）对中国钢铁产业与“一带一路”沿线国家开展国际产能合作的效率和潜力进行测度。

第四，数理统计法。在研究中国与“一带一路”沿线国家开展钢铁产能合作的风险和区位选择的问题上，本书主要采用数理统计的方法进行实证分析。具体而言，本书通过在相关统计网站上获取的官方统计数据对中国钢铁产业的基本现状进行描述和分析，阐述研究的现实基础和实践价值。在测度中国与“一带一路”沿线国家开展钢铁产能合作风险时主要采用主成分分析（PCA）的方法构建风险评价指标体系，对不同维度风险进行计算，同时也对各维度风险指标进行降维处理，从而计算得到各沿线国家的整体合作风险。

第四节　主要创新点

本书以“一带一路”倡议为背景，以坚持互利共赢为基础，从地理距离、经济距离、制度距离和文化距离多个维度探讨中国与“一带一路”沿线国家开展钢铁产能合作的影响因素、合作潜力、合作风险和合作区位选择等问题以期为化解中国钢铁产业面临的现实难题提供可做参考的量化指标和切实可行的政策建议。本书的创新点主要有以下三个：

第一，从共生理论出发探讨化解中国钢铁产业产能过剩问题，引入了新的分析视角。“一带一路”倡议下的国际产能合作是一种全新的国际合作模式，而中国的钢铁产业长期面临严峻的产业安全形势更是被国务院列为十二个国际产能合作重点行业之一。与以往主张通过单向国际产业转移化解过剩产能的研究不同，本书以“一带一路”倡议为背景，主张基于共生理论构建国际产能合作新模式，通过互利共赢的方式化解中国钢铁产业的过剩产能。这是研究钢铁产业国际产能合作的一个新视角。

第二，突破传统引力模型中单一且静态的地理距离概念，将多维动态距离纳入引力模型，构建了新的分析框架。在研究国际合作的相关问题中，引力模型是应用较为成熟和广泛的方法之一。在传统引力模型中，距离是其核心解释变量。本书围绕研究的关键问题，突破传统引力模型中的单一且静态的地理距离概念，率先探索性地将习近平主席在“一带一路”倡议下提出的“五通”核心思想融入“距离”概念中，对传统引力模型中的距离变量进行拓展，构建包含地理距离、经济距离、制度距离、文化距离在内的多维动态距离指标体系并将其纳入引力模型，构建了一个新的分析框架。

第三，系统地测度了中国与沿线国家开展钢铁产能合作的潜力和风险，为钢铁产能合作路径选择提出了新的思路。与以往从单一视角探讨国际产能合作区位选择问题的研究不同，本书系统和全面地测度了中国与沿线国家开展钢铁产能合作的潜力和风险，并构建“潜力—风险”双因素矩阵模型，分析了中国与沿线国家开展钢铁产能合作的时空特征和区位选择问题，这为中国合理制定钢铁产能合作路径提出了新的思路。

第二章　文献综述与理论基础

基于前文对研究背景、内容、方法等方面的介绍，本章结合研究的目的对研究相关的文献和理论进行整理和归纳。首先，本章对本书相关的研究进行文献综述，同时对其进行述评，总结现有研究的不足；其次，对本书基于的理论进行梳理和总结，以期为后续的研究提供思路并奠定理论基础。

第一节　文献综述

产能合作的概念来源于国际合作理论，最早的“现代国际合作理论”一词是由美国学者 Keohane 和 Nye（1977）在《权利与相互依赖》一书中提出来的，随后 Oye（1986）、Stein（1990）和 Wendt（1999）等学者开始对这一理论进行深化和拓展，逐渐形成了新现实主义、新自由主义和建构主义三大理论流派，这也奠定了现代国际合作理论的基石。国际产能合作是“一带一路”倡议下的一种新型国际合作模式，国际产能合作概念于 2014 年在中国首次被提出后受到了广泛的关注。学者们认为，国际产能合作强调产业优势互补与合作共赢，是一种产能供求跨国或跨地区配置的联合行动，是生产要素在全球范围内的重新配置组合（Ferdinand，2016；王吉全，2015；刘勇等，2018；郭朝先等，2016；Rolland，2015；Yunling，2015）。然而到目前为止，直接研究中国与“一带一路”国家钢铁产能合作的专题文献比较少，且主要集中在国内。学术界基本上是沿着“合作的影响因素”→“合作的潜力”→“合作的风险”→

“合作的区位选择”这一发展脉络来进行相关研究的。

一、国际产能合作及其影响因素的相关研究

（一）国际产能合作

在国际产能合作概念提出的初期，由于相应的数据还不够充分，学者们首先对国际产能合作进行定性研究。相关研究主要从合作动机、合作模式和合作机制三个方面进行展开。

1. 合作动机

关于国际产能合作动机的研究，学者们首先对国际产能合作进行了定义。夏先良（2015）指出，国际产能合作开创了对外开放的新方式、新局面；国际产能合作促进国内经济发展，推动产业转型升级；同时助推中国跨越中等收入陷阱；拓展产业发展新空间，推动经济全面深度融入全球化；打造经济增长新动力，超越传统的 GDP 概念，惠及“一带一路”沿线国家提升中国全球经济影响力。而后，卓丽洪（2015）从供需两个层面分析了中国产能合作的机遇，他认为，从供给层面来看，富余的优质产能是中国开展国际产能合作的基础；从需求层面来看，全球货物总需求以及逼近峰值促使商品贸易向产业合作转型。此外，不少学者认为，国际产能合作是中国在供给侧改革背景下，调整中国产业结构化解中国“产能过剩”难题的重要手段（陈俊龙和汤吉军，2016；程俊杰，2015）。张述存（2016）认为，产能合作能化解国内过剩产能、助推产业转型升级、实现国家间优势互补和资源优化配置。赵东麒和桑百川（2016）认为，国际产能合作可以加强中国初级产品部门的国际竞争力，与沿线国家合作可以保障资源的稳定供应，这是保障中国经济安全的关键所在。孙海泳（2016）指出，中国经济面临下行的压力严重，一些重点行业出现了严重的产能过剩问题，出口贸易遭遇瓶颈，这些都是中国推进国际产能合作的重要推动因素。

2. 合作模式

关于国际产能合作模式的研究，郭朝先等（2016）指出，国际产能合作是指两个存在意愿需要的国家或地区进行产能供求跨国或跨地区配置的联合行动。中国提出的产能合作既是商品输出，又是资本输出。黄健柏和刘京星

(2017) 认为，国际产能合作模式的创新应以产能合作推动产能转移，达到产业互补、经济互惠的目的；以产能输出取代产品输出，有效回避西方国家针对中国的“双反”政策；以基础设施援建消化部分产能，在帮助沿线国家发展基础设施建设的同时消化自身部分富余产能。张洪和梁松（2015）从共生理论的视角分析了中哈国际产能合作的模式，结果显示，中哈产能合作存在共生关系。曲凤杰（2016）认为，现阶段中国具有一定的经济规模和潜在市场需求，中国要利用这些优势，通过国际合作等方式完成国家间的产能转移，从而建立中国主导的区域国际分工体系，构筑新雁群模式。

3. 合作机制

关于国际产能合作机制的研究，学者普遍认为“互利共赢”是国际产能合作的中心思想。王志民（2015）认为，首先，国际产能合作应区分主要矛盾和次要矛盾；其次，正确处理内生动力与合作共赢、陆路推动与海路拓展、官方推动与民间参与、理念引领与挑战应对等多重互动关系。白永秀等(2015) 分析了丝绸之路经济带工业产能合作的背景和条件，认为中国与沿线国家具有互补性，并提出构建“以政府推动、企业主导、互利共赢”为内容的合作机制。刘勇等（2018）指出，国际产能合作是基于国际产业分工与产业发展的全球化内在需求，通过国际贸易、国际投资、国际开发合作等方式，将产业发展布局从一个国家或地区转移扩展至另一个国家或地区，重构全球产业链、价值链与资本链，实现生产要素在全球范围内的重新配置组合。

（二）国际产能合作影响因素的定性分析

现有研究表明，在“一带一路”倡议的背景下，中国开展国际产能合作的影响因素主要来自两方面：

一是中国推动“一带一路”倡议带来的影响，赵德宇和刘苏文（2016）认为，“一带一路”倡议由中国发起，在沿线国家中，部分国家面对中国的发展成就心态失衡，海外投资环境日趋恶劣和各国之间彼此缺乏了解，其总结出政治、制度、外交、经济、竞争和社会是影响国际产能合作的重要因素。石莹和何爱平（2015）指出，区域产能合作可能将进一步强化和放大环境污染效应，蕴含较高的环境风险。薛力（2015）指出，由于西方国家将中国推行的国际产能合作视为中国转移国内过剩产能，倾销国内低端产品的重要手段，外交风险也是中国开展国际产能合作的重大风险隐患。张梅（2016）提出，国际竞争日趋激烈；政治、经济风险导致项目停顿或波折；国内法、环保、劳工等政策差异造成企业的属地化经营障碍；不实的负面舆论都是国际产能合作中存在的风险。

二是“一带一路”沿线国家自身的风险，于津平和顾威（2016）认为，全球最高风险的国家主要分布在“一带一路”沿线，一些国家长期处于政局动荡、族群冲突和战乱之中。此外，基础设施建设的投入回报率难以保障，尽管不少国家有建设愿望，但缺乏支付能力。严重的贸易保护主义和脆弱的金融体制对中国产品的强烈抵制，大国博弈对沿线国家参与“一带一路”的制约，竞争与产业转移对中国经济可能产生的负面效应都是产能合作的潜在风险。徐长春（2016）指出，产能合作的对象主要是产业链中下游，合作的国家大多是欠发达国家，国际产能合作可能存在国家风险、信用风险和地缘政治三重风险。曲凤杰等（2017）认为，东道国市场规模小、基础设施落后，中国企业缺乏金融政策支持、企业竞争力弱、信息不对称；政府效率偏低是中国开展产能合作的重要影响因素。

（三）国际产能合作影响因素的实证分析

随着学者们对国际产能合作的定性研究不断成熟和“一带一路”倡议的逐步展开，不少学者开始收集相关数据对国际产能合作进行实证研究。其中，在研究产能合作影响因素的文献中，引力模型是最为主流的方法之一。现阶段学者广泛运用的两种引力模型分别是扩展引力模型和随机前沿引力模型。

1. 拓展引力模型

拓展引力模型是基于传统引力模型的基础上，将多重影响因素纳入引力模型的分析体系，面对日益复杂的国际贸易形势，拓展引力模型较传统引力模型而言具有更高的准确性。有学者将汇率、Michaely 指数、贸易便利化指数等与贸易相关的评价指标纳入拓展引力模型的分析体系探讨其在多国贸易中的影响效果和影响程度（杨玲玲，2009；张彬和杨勇，2009；孔庆峰和董虹蔚，2015）。也有学者采用各国的人均 GDP、外汇储备、人口、直接投资额、领土面积等指标，应用拓展引力模型对国家间的贸易流量、贸易潜力、贸易效率等指标进行测度，并对其影响因素、机制等进行实证分析（王娟等，2013；袁德胜等，2014；左喜梅，2016；张亚斌等，2016；程俊杰，2015）。

2. 随机前沿引力模型

随机前沿引力模型是基于经济效率的视角，通过“前沿面”分析最优贸易水平，它有别于传统引力模型中以模拟“理想值”为最优水平的研究，能有效解决传统引力模型估计是由各种决定贸易因素的平均值决定而引起的估计上的偏差问题，具有更高的精确性（Armstrong，2007；王亮和吴浜源，2016）。在实证研究方面，学者们广泛采用随机前沿引力模型对中国国内以及世界各国间的贸易潜力和贸易效率展开研究。在研究中国贸易的问题上，学者们从前沿技术、贸易增长等视角通过构建随机前沿引力模型探讨中国贸易的潜力及效率（Wu，2003；施炳展和李坤望，2009；鲁晓东和赵奇伟，2010；陈创练等，2016）。近年来，“一带一路”倡议下的国际合作受到了学者们的广泛关注。在这些问题的研究上，学者们依旧沿用随机前沿引力模型对“一带一路”沿线国家的贸易潜力和贸易效率进行测度和分析（贺书锋等，2013；谭秀杰和周茂荣，2015；刘海云和聂飞，2015；高志刚和张燕，2015；徐钰清和钟建军，2016；龚新蜀等，2016）。

二、国际产能合作潜力的相关研究

近年来，随着贸易引力模型逐渐应用到研究两国间贸易流量领域，运用引力模型对贸易流量和潜力进行实证分析得到了国内外学者的广泛认同。在主流的研究中，测算贸易潜力的方法主要有两个：一是较早开始应用的，基于拓展引力模型的估算方法，该方法是通过评估特定样本下各变量的平均值来估算贸易的最优值；二是被广泛应用的、基于随机前沿的分析方法，它用于衡量无贸易阻力条件下的贸易最优值。

在运用拓展引力模型测算两国贸易潜力的研究中，主流的评价体系有两种：其一是“1”标杆法，即以数值 1 为临界值，实际值与理想值的比值为 1 则表示为贸易最优状态；比值小于 1 说明市场未饱和，贸易不足同时市场具有很强的贸易潜力；比值大于 1 则表示市场已经超负荷，属于“过度贸易”且需要“潜力再造”，贸易需要新的增长点（盛斌和廖明中，2004）。其二是“0.8 和 1.2 双标杆法”，与上述方法相比该方法是将实际值和理想值的比值更多地分化为三个区段，以提高结果的精确性。三个区段分别为 0.8 以下、

0.8~1.2 和 1.2 以上，其以此对应“潜力巨大”“潜力开拓”和“潜力再造”（刘青峰和姜书竹，2002）。

在使用拓展引力模型研究贸易潜力的文献中，国内学者大多采用以上两种评价体系。其中，一些学者单纯测度国家间的贸易潜力，他们通常以中国作为东道国研究其与东盟、欧盟、中亚、北美等区域国家间在农产品、水果、金属制品等领域的贸易潜力，他们通常采用贸易流量作为被解释变量构建扩展的引力模型对贸易潜力进行估算（叶德利，2005；吴凤娇和陈炳华，2007；赵雨霖和林光华，2008；毕燕茹和师博，2010；李亚波，2013；帅竞等，2015；谭晶荣等，2016；宋勇超和郭丹杨，2018）。也有学者同时深入分析影响贸易潜力的影响因素，例如，Wilson 等（2003）就从贸易便利化水平的视角出发，评价了其对中国与东盟国家农产品贸易潜力的影响。孔庆峰和董虹蔚（2015）同样通过构建贸易便利化指标体系研究贸易变化水平对中国与“一带一路”沿线国家贸易潜力的影响。张亚斌等（2016）也基于构建贸易便利化测度体系采用扩展贸易引力模型实证研究了贸易便利化水平对中国与东道国之间贸易流量的影响。

近年来，越来越多的学者采用随机前沿引力模型测度在无贸易阻力条件下的贸易最优值。例如，文淑惠和张昕（2017）采用随机前沿引力模型研究中国对中南半岛国家的贸易潜力，采用一步法分析影响贸易潜力的主要因素。李豫新和孙培蕾（2017）从基础设施建设和制度环境层面出发，构建时变随机前沿引力模型，对中国新疆与“一带一路”沿线国家的农产品贸易潜力进行了测度，同时重点分析了影响贸易非效率的因素。陈琳等（2018）采用随机前沿模型（SFA）测算了中国在 1980~2015 年对世界 135 个国家和地区的贸易效率、贸易潜力以及要素投入规模效率，并对经济合作与发展组织（Organization for Economic Cooperation and Development，OECD）国家和非 OECD 国家进行了对比分析。方英和马芮（2018）以文化产品出口数据为基础，利用随机前沿引力模型实证分析了中国文化产品出口的影响因素，测算了中国与主要伙伴国及地区的文化产品出口潜力，并量化评估了人为因素对中国文化产品出口效率的影响。

三、国际产能合作风险的相关研究

（一）国际产能合作风险类型

国际产能合作是基于“一带一路”倡议下的一种新型合作模式，在开展初期面临诸多的合作风险（周力和杨阳，2014）。现有文献研究认为，中国开展国际产能合作主要面临地缘政治、政治制度、经济金融、社会文化这四类风险。

1. 地缘政治风险

“一带一路”倡议覆盖的范围较广，涉及的国家数量也众多，区域内各国具有不同的地缘政治环境，主要表现在两个方面：一是地缘环境不同，“一带一路”倡议以中国为中心，中国和其周边各国位于互动区域的中心，相反，非洲等国则位于互动的边缘，此外，不同国家在资源禀赋、国家影响力等方面同样也存在很大的差异；二是政治经济制度存在差异，除了中国和越南实行社会主义制度以外，其余沿线各国均是资本主义国家。这样的复杂的地缘与政治环境导致“一带一路”各国间具有很高的地缘政治风险（李晓和李俊久，2015；蒋姮，2015）。

国外一些学者认为，中国“一带一路”倡议的提出预示着中国作为世界强国正在逐渐参与制定和主导国际合作规则，这引起了一些国家对“一带一路”倡议的疑虑和不安。他们指出，从地缘视角来看，“一带一路”倡议的提出类似于美国的“马歇尔计划”，这反映了中国国内正面临的安全威胁同时与邻国存在领土纠纷的紧张局势，中国试图通过推进“一带一路”倡议推进欧亚一体化，从而改善中国从中亚和中东运输能源的能力，缓和紧张的局势，这同时也表明中国作为一个崛起中的大国想要通过经济实力来确保外交政策目标，这无疑会面临经济、政治层面上的多重挑战，同时引起周边各国对于中国崛起的担忧（Shannon Tiezzi，2014；Nadege Rolland，2017；Jacob Stokes，2015）。与此同时，也有学者对这些基于西方传统地缘政治理论的认知进行了批判，他们认为，“一带一路”倡议是对传统地缘政治思维的超越，它既不以追求权力为目的，又不依循“国家中心主义”路径，它是一种太极式想象，能克服传统地缘政治想象存在的盲点和不足，超越传统“中心—边缘”思维，具有克服海权—陆权两分的潜力（弗林特和张晓通，2016；曾向红，2016）。

同时，学者们也提出对于中国开展国际产能合作中的地缘政治风险的考虑。Romanowski（2015）指出，“一带一路”沿线的中亚地区就存在诸多的复杂问题，包括宗教主义、民族主义、部落从属关系、腐败独裁等问题。蒋姮（2015）从东道国、地区性和全球性的视角分析了“一带一路”地缘政治的风险因子，认为民族主义、法制框架模糊、领土争端、大国博弈等问题是重要的影响因素。除此之外，“一带一路”倡议的推进会使中国面临严峻的地缘政治博弈，例如，沿线各国的疑虑、大国的暗中掣肘、“亚太再平衡”战略制衡等国际问题无形中都会加剧中国面临的地缘政治风险（傅梦孜和楼春豪，2015；周平，2016；何茂春等，2015；李骁和薛力，2015）。

2. 政治制度风险

“一带一路”沿线国家大多数为发展中国家，经济发展水平相对落后，受各国的发展程度不同的影响，其国家制度和法治规则存在复杂性和多元化。此外，由于外部经济、政治环境的变化，沿线国家的有关政策制度还会频繁发生调整，缺乏连续性，多数国家执法随意性大，缺乏健全的法律法规，导致“一带一路”沿线国家具有很高的政治制度风险（周经和张利敏，2014；杨亚平和高玥，2017）。

近年来，随着“一带一路”倡议的展开，学者们针对沿线国家政治制度风险的研究也开始逐渐兴起。学者们认为，政治制度风险已成为中国与沿线国家开展合作的重要风险来源之一。例如，谭畅（2015）的研究发现，在2005~2014年，中国一共发生120起对外合作失败的案例，其中，25%的失败案例是受到东道国政治制度的影响，有17%是由于东道国政治动荡或者领导人更迭等原因所导致的。赵德宇和刘文苏（2016）同样论证了这一点，他们认为，东道国产生执政势力的转换会导致政治主张和对外经贸政策的转变，从而导致中国面临与“一带一路”沿线国家合作的潜在政治制度风险。学者们同时还认为，“一带一路”沿线国家的政治制度质量偏低，是高腐败、低法制的区域，具有很高的政治制度风险，中国企业与沿线国家开展合作呈现明显的政治风险规避特性（李晓敏和李春梅，2016；赵青和张华容，2016）。

3. 经济金融风险

“一带一路”沿线的国家普遍发展程度低，经济水平较为落后，受这些因素的影响，中国在与沿线国家开展国际合作时具有潜在的经济金融风险。经济风险主要是由于沿线许多国家人口稀少、产业结构单一、基础设施落后、国内经济状况受多重因素的影响。而中国开展的国际合作大多以大型基础设施建设为主，这就导致部分收益在长时间内难以弥补投入的成本，仅有大型的国有企业在国家政策支持下才能完成一系列的合作，中小企业难以承受潜在的经济风险（张明，2015；石莹和何爱平，2015）。一方面，金融风险则主要表现在沿线国家的金融体制脆弱、部分国家的主权信用等级低，不少国家有高占比的不良贷款，有些国家甚至深陷主权债务危机，导致国家的偿债能力低，容易诱发金融危机。另一方面，随着全球经济的弱势复苏，“一带一路”沿线国家出现了严重的贸易保护主义。来自于对中国崛起的疑虑，部分国家将中国视为贸易竞争对手，频繁针对中国商品进行“双反”调查，导致中国商品贸易面临严重的金融风险（赵德宇和刘苏文，2016）。

4. 社会文化风险

“一带一路”区域地处东西方文明的交汇处，国家间的意识形态存在差异，种族和宗教之间的矛盾和冲突也较为突出。例如，在中亚地区生活着 100 余个民族，是世界上文化冲撞最为严重的地区之一，不同民族和教派之间有着很深的文化认知差异，这种差异导致意识形态冲突呈现复杂、突变以及长期化的特征（綦建红等，2012；张帅梁，2012；曲如晓等，2015）。

在文化风险方面，由于中国与沿线国家在历史传统、民族文化、当地习俗和思想观念等方面存在显著差异，且这些差异在中国和沿线国家开展国际合作的进程中都会引发一些潜在的风险，因此，中国企业与沿线国家开展国际合作前应对这些问题有所研判从而提前规避可能的风险（于海龙和张振，2018）。此外，在社会风险方面，由于“一带一路”区域横跨亚太经济圈和欧洲经济圈，沿途经过了多个地缘政治破碎地带。长期以来，因为这些地区的历史问题复杂且难以解决，所以导致武装冲突频繁，自 1970 年以来，全球 60%的恐怖袭击发生在中东、北非以及东南亚和南亚地区，社会极不稳定。

（二）国际产能合作风险测度

在衡量国际产能合作风险的研究中，学者们广泛采用熵权法、主成分分析法、因子分析法等统计学方法进行测度。郑明贵和陈家愿（2015）从宏观经济风险的视角出发，构建了宏观经济风险评价体系，采用专家调查法对指标进行赋权，对评价指标进行分级，最后建立了基于灰色关联和TOPSIS法模型，对主要铝矿资源丰富国家的宏观经济风险进行评价。蒋冠宏（2015）运用2004~2008年中国1852家对外直接投资的企业数据，构建计量经济学模型，从东道国制度、文化及其差异的视角，实证研究了这些因素对中国对外直接投资风险的影响。研究结果认为，东道国政治越稳定、腐败控制越好、政府效率越高以及法制质量越好，中国企业对外投资的风险越低。潘镇和金中坤（2015）将政治因素纳入制度分析框架，考察了双边政治关系和东道国制度风险影响中国对外直接投资的机制和效应。研究发现，中国对外直接投资趋于流向政治关系好和制度风险高的东道国。张帅和刘文翠（2016）通过建立投资风险突变模型，对哈萨克斯坦国内1995~2014年的投资风险进行了测度。胡俊超和王丹丹（2016）选取“一带一路”沿线65个国家作为研究对象，采用主成分分析法、因子分析法、聚类分析法和判别分析法对沿线国家的国别风险进行刻画和评价。周伟等（2017）从政治风险、经济金融风险和社会文化风险的视角出发，对中国与“一带一路”国家开展对外直接投资（Outward Foreigh Direct Investment，OFDI）的风险进行了主成分分析和聚类分析。冯雷鸣等（2018）以中国在“一带一路”沿线基础设施投资的10个重点对象国为样本，建立包括政治风险、社会风险、经济风险、金融风险和行业风险5个一级指标和27个二级指标在内的国家风险评价指标体系，结合层次分析法得出，其国家投资风险并据此提出了相应的风险防范策略。李原和汪红驹（2018）对“一带一路”沿线国家风险特性进行了分析，采用因子分析方法全面系统地衡量各国风险并划分出投资风险低、中、高三个区域。

四、国际产能合作区位选择的相关研究

“一带一路”沿线有65个国家，每个国家的发展状况、资源禀赋、地理位置都不尽相同，如何有效地推进“一带一路”倡议下的国际产能合作，选择最优的合作区位，成为学者们广泛关注的研究热点。现有研究国际合作区位选择的文献从视角出发可以分为三类，一是从合作风险的视角出发，二是从合作收益的视角出发，三是兼顾合作风险和合作收益的视角。

（一）从合作风险的视角出发

大多数学者认为，风险是国际产能合作中的制约因素，在进行区位选择时，应该有效规避合作中可能的风险。其中，有学者认为，政治制度风险是区位选择的重要指标，例如，王永钦等（2014）以中国 2002~2011 年在全球范围内进行的 848 笔对外直接投资作为样本，研究制度性因素对中国对外直接投资（OFDI）区位选择的影响。孟醒和董有德（2015）首先构建了社会风险指标体系和政治风险指标体系，并将这两个因素带入计量经济学模型探讨社会风险和政治风险对中国企业对外投资区位选择的影响。也有学者认为，国家距离同样是合作中不可忽视的风险因素，陈衍泰等（2016）采用二项回归面板模型，研究国家距离对中国企业跨国产能合作时区位选择的影响。史伟等（2016）首先采用了国家距离模型研究了地理距离、文化距离、经济距离以及商业治理距离对中国跨国零售企业东道国选择决策的影响。同时进一步研究在不同扩张方向下，经济距离、商业治理距离对跨国零售企业的影响。研究表明，地理距离、文化距离负向影响零售企业东道国进入选择。刘晓凤等（2017）综合考虑国家距离的诸多方面，通过相关和回归分析实证研究了国家距离与中国企业对外合作的区位选择之间的关系。研究发现，中国企业对沿线投资具有很强的区域差异性，除了全球连接距离以外，其他国家距离均对中国 OFDI 产生显著的负向影响。更有学者从制度障碍、经济自由度等方面研究产能合作的区位选择问题，例如，余壮雄和付利（2017）基于《中国境外投资企业（机构）名录》的企业对外投资数据，利用截断泊松与零膨胀泊松回归模型，从制度障碍与贸易先行的视角考察了中国企业对外投资的区位选择机制，研究表明，中国与东道国的管制性制度距离不会成为企业进入的障碍。杨波和朱洪飞（2018）基于 102 个国家的 13462 个并购案例，实证研究了东道国的政治稳定性以及经济自由度两项指标对美国企业开展跨国并购时区位选择的影响，结果表明经济自由度和政治稳定性对于美国企业跨国并购的区位选择都有显著的正向影响。张军（2016）选取“一带一路”65 个沿线国家 2000~2015 年度面板数据，对影响中国商业银行国际化区位选择的 8 个因素进行回归分析，评估影响因子的显著性和相关性，从而提出优化区位布局的策略建议。

（二）从合作收益的视角出发

在产能合作区位选择的研究中，学者们普遍认为，合作收益是国际产能合作的推动因素。不少学者从合作收益的视角，研究了国际产能合作的区位选择问题。陈伟光和郭晴（2016）基于“一带一路”沿线38个国家2004~2013年的面板数据，运用拓展引力模型，从潜力的视角实证分析了中国对“一带一路”沿线国家投资的区位选择。结果表明，沿线国家具有较大的投资潜力且区位选择余地较多。刘瑞和高峰（2016）通过比较中国的出口、进口和投资，结合地理区位、资源要素禀赋、政治外交和经济发展水平等因素，提出了中国借助“一带一路”倡议化解产能过剩的路径和方式。郑蕾和刘志高（2015）通过集成统计数据、实地调研和高层访谈等手段，在回顾国内对外直接投资研究基础上，提出中国对“一带一路”沿线国家直接投资空间战略的分析框架，进一步探讨了中国对沿线国家和地区直接投资的空间分布和产业选择。谈飞等（2018）基于2005~2016年中国能源类企业对全球35个国家或地区689笔对外直接投资流量数据，利用Heckman两阶段选择模型，研究各国地区政治、经济和法律制度对中国能源类OFDI投资选择和投资规模的影响。他们认为，中国能源类企业偏向选择制度环境差、经济自由度不高和运营法律不健全的国家进行投资，但投资规模较大的投资行为仍然发生在政治、经济、法律环境均较好的国家。陈萍萍（2016）基于“一带一路”沿线国家经济自由度和中国OFDI数据，运用相关性分析方法探讨两者之间的关系，提出把握周边区位优势的策略。刘瑞和高峰（2016）提出了国际产能合作的区位路径选择，即对东南亚和南亚国家进行劳动密集型产业的转移，对中亚和西亚、北非地区进行资本密集型产业的转移以及与独联体国家进行产能合作。

（三）从兼顾合作收益与合作风险的视角出发

除了单纯考虑风险或收益的区位选择研究之外，还有不少学者认为，国际产能合作的区位选择应同时考虑合作中的风险和收益，在获取最大合作收益的同时规避合作风险。蒋冠宏和蒋殿春（2012）采用中国对95个国家的OFDI数据，运用投资引力模型研究中国对外投资区位选择问题。刘畅等（2016）在对资源国的石油出口潜力分析的基础上，进一步解析其相关国家的综合风险，研究从风险—收益二维视角，构建了“出口潜力—风险暴露”区位选择矩阵，对29个样本国进行区位判断。邸玉娜和由林青（2018）通过扩展经典的引力模型，利用 Heckman 两阶段估计法，从是否投资、投资规模两个阶段分析了中国对“一带一路”国家投资区位选择经济动因与多维距离。研究表明，中国的经济发展水平、东道国的市场规模及资源禀赋是中国各阶段投资决策的多重动因；东道国与中国的地理距离和政治距离是影响中国是否对其进行投资的距离因素；地理距离和语言距离是影响投资规模的距离因素。中国对沿线国家投资的区位选择应该综合考量多重动因带来的投资收益与多维距离带来的投资风险。田原和李建军（2018）从资源与制度视角研究分析了中国对外投资区位选择影响因素，结果表明，中国对沿线国家 OFDI 具有较强的“资源寻求”动机。

五、文献述评

虽然“一带一路”倡议和产能合作的概念提出的时间不长，但学者们针对这一领域的研究在近几年出现了井喷式的增长。从现有文献来看，由于数据的局限性，直接研究产能合作的定性分析的文献较多，而定量分析的研究则较少。研究主要集中在产能合作的模式、区位选择、风险、影响因素、潜力等方面，研究的标的以制造业、农业、能源等大产业为主。通过对上述文献的阅读和梳理发现，现有的文献还存在四点不足。

（一）缺乏针对将某一金属产业纳入“一带一路”倡议分析框架下的定量研究

“一带一路”作为中国新形势下的国家中、长期重大战略计划，产能合作也是在这一背景下创新的国际合作新模式，作为国家指定的产能合作重点行业，钢铁产业的国际产能合作问题具有很高的研究价值。总体来看，目前对于钢铁产业“一带一路”国际合作关注较少，更是鲜有文献将钢铁产业纳入“一带一路”倡议框架下进行分析，针对某一产业国际合作的研究对象都较为分散，不成体系，缺乏在整体战略框架下的系统分析。对“一带一路”各经济体产业发展现状、产业竞争优势与互补性、资源民族主义与生态发展需求、贸易政策与法律法规等领域缺乏针对性研究；对国内的相关政策和合作方案缺少针对性设计。

一方面，“一带一路”国际产能合作概念提出的时间相对较短，由于数据的限制，虽然近几年关于“一带一路”、国际产能合作研究的文章层出不穷，但其中大多数都是对于现状的描述和政策的分析，分析带有明显的主观判断，缺乏对合作机制的定量研究。另一方面，学者一边倒地关注产能合作对产能化解、产业结构升级的作用，却忽视了合作中的风险因素，对于风险的具体成因和影响效果缺少具体系统的研究。

（二）局限于研究静态的“硬距离”的影响而忽视了“软距离”的影响

在研究国际产能合作的影响因素中，贸易引力模型是较为主流的研究方法，而地理距离则是引力模型中的关键解释变量，表示东道国与母国之间的贸易成本，大多数研究也都沿用了这一方法。现阶段，随着交通运输的不断完善和国际形势的日趋复杂，在研究产能合作的影响因素时，仅考虑不随时间变化的地理距离是难以准确衡量两国间的贸易成本的。然而现有的研究对于地理距离这一“硬距离”影响的关注要远远大于制度距离、文化距离等“软距离”的影响。事实上，随着“一带一路”倡议的不断推进，“硬距离”的影响正在逐渐被削弱，而“软距离”的影响则在日益加强，所以在国际产能合作影响因素的研究中，应该综合考虑各种距离带来的贸易成本增加，增加对“软距离”影响的关注。

（三）在合作风险的研究中，仅考虑东道国自身的风险而忽视了中国因素

国际产能合作是在中国“一带一路”倡议下提出的一种新型国际合作方式，由于其提出的时间不长，在推进的过程中会面临诸多潜在的风险。然而现有大多数文献在研究合作风险时，仅仅单纯评估或测度了东道国自身的风险和一些外部风险，而忽略合作中的中国因素带来的风险。事实上，在国际产能合作中，中国与东道国之间的地缘关系、政治差距、文化差异以及东道国对“一带一路”倡议的认可度等都是合作中风险的重要来源，在研究产能合作风险的过程中，这些因素都应适当加以考虑。

（四）在区位选择的研究中，缺乏对风险—收益的统筹考虑

在产能合作区位选择研究中，由于在国际合作中，企业大多具有规避风险的特性，因此，多数文献是从合作风险的视角出发，选择风险最小的区位进行选择。也有部分文献从合作收益的视角出发，选择合作收益最大的区位进行选择。然而却鲜有同时考虑风险和收益进行区位选择的研究。事实上，区位选择的影响因素有很多，仅从一个方面考虑的区位选择都是不全面的，只有同时统筹考虑多个因素的影响才能提高研究的精确性。

第二节　理论基础

本书从共生理论视角出发研究中国钢铁产业参与“一带一路”国际产能合作的影响因素、潜力和区位选择等问题，研究涉及国际产能合作理论、产业共生理论和区位选择理论，基于本书的研究目的，本节对上述理论进行了梳理和回顾。

其中，国际产能合作理论是指导中国开展与“一带一路”国家国际产能合作的重要理论基础，主要包括国际合作理论、国际贸易理论、国际投资理论和国际产业转移理论；共生理论是中国与沿线国家开展国际产能合作模式的重要理论依据，主要对一般共生理论和产业共生理论进行比较和梳理；区位选择理论则是中国选择开展国际产能合作区位的重要理论支撑，本节主要从传统区位选择理论和非传统区位选择理论进行回顾。

一、国际产能合作理论

（一）国际合作理论

国际产能合作是基于“一带一路”倡议背景下提出的一种全新的国际合作模式，它既是对传统国际合作理论的延续，又是对它的一次创新。传统的国际合作理论起源于 20 世纪 40 年代，现代国际理论中的新现实主义学派和新自由制度主义学派开始产生诸多争论（O’Neill K et al.，2004）。由于两个学派的基本假设和理论基础不同导致他们对国际合作的解释也完全相左（Fearon J D，1998）。其中，新现实主义认为，理性国家对国际合作保持高度警觉，这是因为国际社会的霍布斯无政府状态决定了国家仅能依靠自己维护自身安全，在国际关系中权力强于制度（Grieco J M，1993）。新自由制度主义则认为，国际社会是处在洛克式无政府状态，国际制度可以减少发生国际冲突的不确定性，限制信息的不对称性从而降低国家之间的交易成本，理性的国家更希望于通过合作而非冲突实现国家利益，因为其更加关注“成本—收益”计算。所以后者对国际合作充满信心（Rugman A M，1979）。

在国际合作理论中，国家能力、国家意愿和国际社会共同构成了国际合作的完整理论，它们分别回答了“国家为什么合作”“以什么方式合作”和“怎样合作”的问题（Barrett S，1999）。这三者在内容和形式上获得统一，共同构建了国际合作理论（Lipson C，1984）。其中，“国家能力与国际合作”理论模式的建立是基于国家能力之上，其前提和目标都是国家能力。国家能力具有多重属性，是国家生存和发展的关键。在国际合作合作中，国家能力的富足与否是其参与国际合作的资本，而当国家缺乏某种能力从而无法满足自身需求时，国家能力的匮乏是其参与国际合作的动力（Blumenthal J M et al.，2006）。由于国家能力的多重属性，故本书基于的国际合作理论不包含权力支配、制度优势、无政府文化与国际社会限制等，使国际合作具有最大的空间。

（二）国际贸易相关理论

国际贸易理论是指导国际产能合作开展的重要理论基础，在学术界，最为经典的国际贸易理论主要有绝对优势理论、比较优势理论、要素禀赋理论和国家竞争优势理论。

绝对优势理论是 Smith（1776）在他的著作《国富论》中提出并阐释的，他具体指出了国际分工产生的原因、方式和效果。绝对优势理论认为，每个国家都应该生产并出口本国劳动生产率高的产品同时进口劳动生产率低的产品从而使贸易双方都能同时获得更大的利益。同时 Smith 认为，只有自由的贸易政策能让各国分享国际分工带来的利益，他主张取消国际贸易中的一切特权及限制，施行完全自由的国际贸易，从而使各国最为合理地使用自己的劳动和资本达到生产的最优。绝对优势理论为各国从事国际分工和开展自由贸易提供了现实可行的指导意见。

比较优势理论是 Ricardo（1891）在 Smith 的绝对优势理论上继承和发展来的，他在自己的《政治经济学与赋税原理》一书中提出了同样基于自由贸易前提的比较优势理论。有别于绝对优势理论，Ricardo 认为，即便一国无法生产具有绝对优势的产品，只要能生产具有比较优势的产品同样能进行国际贸易和国际分工。具体而言，是指一国生产和出口具有比较优势的产品（生产成本较低），同时进口本国具有比较劣势的产品（生产成本较高），同样也可在国际贸易中获利。这一理论打破了绝对优势理论的假定，为中小国家开展对外经贸合作和国际分工提供了理论基础，同时也使国家间的贸易具有了更为普遍的意义，它是西方贸易理论的基石。

要素禀赋理论是经济学家 Heckscher（1919）和他的学生 Ohlin（1991）共同提出的，这一理论同样倡导自由贸易，鼓励各国通过开展自由贸易获得最大的收益。他们认为，要素禀赋是国际贸易中各国的比较优势和决定因素，在国际分工中，一国应该生产和出口本国相对富足的要素密集型产品、进口相对匮乏的要素密集型产品，以保证在贸易交换中获得最大的利益。要素禀赋理论是对比较贸易优势理论的进一步拓展和深化，它克服了之前理论的局限性，将生产要素分析带入国家贸易中，使其更具有普遍性和说服力。

国家竞争优势理论是 Porter（1998）在其著作《国家竞争优势》一书中提出的。他将生产要素、需求要素、组织结构、竞争状态和企业战略等因素视为国家竞争优势的决定因素，构建了国家竞争优势的“钻石模型”。相比于传统的国际贸易理论，波特的比较优势理论更为科学，他认为比较优势不能完全代表竞争优势，竞争优势来自于各个方面的综合因素。所以，竞争优势理论是指导一国提高企业竞争力、优化产业结构、制定和发展企业战略的重要理论基础。

（三）国际投资相关理论

国际投资理论是国际产能合作能有效开展的重要理论支撑。学术界普遍认为，最为重要的国际投资理论有三个，分别是产品生命周期理论、内部化理论和国际生产折中理论。

产品生命周期理论最早是由哈佛大学教授 Vernon（1996）提出的，他以产品生命周期为基础，从产品不同阶段来解释跨国公司对外投资的动因。Vernon 指出，产品的生命周期包含创新、成熟和标准化三个阶段，跨国公司的对外投资行为是其在产品生命周期内因生产条件、劳动成本、市场规模等条件发生变化后做出的决定。在产品的不同阶段，企业需要考虑的事也不尽相同。例如，在产品创新阶段，一些具有较强研发实力且资金雄厚、市场发达的国家就会具备研发的技术优势，这些企业通过垄断技术和创新产品快速占领市场；在产品成熟阶段，企业开始考虑降低生产成本，当具有成本优势时，企业会试图在市场规模大、生产成本低的地区建立子公司，延续对新技术的垄断优势；在产品标准化阶段，竞争的焦点开始由垄断优势转化为劳动成本优势，创新企业开始转化标准技术，发展中国家开始大量生产并出口。

内部化理论认为市场并非完全竞争的，市场机制也存在缺陷，企业应当通过直接投资将外部交易转为企业与所属分公司之间的交易，即通过外部市场内部化从而降低交易的成本和风险，其目的在于获得最大化的利润。与此同时，只有当企业内部交易成本低于外部市场交易成本时，企业才有利可图。内部化理论具有很强的适应性，能很好地提供跨国公司选择参与国际经济合作的基础依据，此外，它可以同时解释发达国家和发展中国家的对外投资行为，被称为"一般理论"。但是，由于内部理论注重通过内部化强调对新知识和新技术的保护，因此，这将会对新技术的普及和传播造成一定程度上的影响。

国际生产折中理论是经济学家 Dunning（1977）基于产业组织理论、新厂商理论、区位理论等理论提出的，该理论强调企业所有权优势、内部优势和区位优势对跨国企业展开对外投资的决定性因素，能更加全面地解释对外投资行为的选择方式。Dunning 指出，即便跨国公司同时拥有所有权优势和内部优势依然必须慎重考虑区位优势这一因素，只有有效地结合所有权优势、内部优势和区位优势才能很好地阐释企业参与国际经贸合作的选择。他同时还指出，国际生产折中理论将三种优势结合起来作为一个整体进行研究能更加全面地阐释企业参与对外投资的决定因素，能从宏观的角度对直接投资动因进行分析，具有很强的科学性和实用性。具体而言，当企业具备上述三项优势时可以进行对外投资，当具备所有权优势和内部优势时可以进行出口贸易；仅具备所有权优势时必须采用许可贸易的方式进行技术转让；如果企业不具备上述任何优势时，只能依靠吸引外商投资。该理论同样也存在局限性，它无法合理地解释国有跨国公司对外直接投资的选择，因为国有跨国公司的对外投资一般基于本国经济的总体规划和国际经贸合作。

（四）国际产业转移相关理论

国际产能合作的一个重要的内涵就是产能的跨区域转移和优化配置，它有别于传统国际产业转移理论提出的优势产业的单向转移，而是对这一理论的延续和深化。传统的国际产业转移理论自 20 世纪 60 年代兴起，战后世界各国之间的经济发展联系开始日益增强，在世界范围内逐渐出现了产业分工和产业转移，同时学术界关于国际产业转移理论的研究也开始逐渐展开，其中，包括两个经典的产业转移理论：雁形形态理论和劳动密集型产业转移理论（董小君，

2014）。

首次提出雁形形态理论的学者是 Akamatsu（1962），它是一种产业发展模式理论，是国际产业分工和产业结构升级的理论基础。雁形形态理论认为，落后国家的工业生产随着经济的不断发展会经历进口到国内生产再到出口的更替模式。在此理论基础上，Vernon（1992）通过自己的产品生命周期理论结合产品生命周期的阶段性演变规律也论证了“雁形模式”的普遍存在性。他指出，发达国家产业发展会经历逐渐从创新阶段到标准化生产阶段过渡，国内生产会经历本地供给到出口再到进口的过程，最终会将国内不再具有比较优势的产业转移到其他发展中国家。Kojima（1978）提出的边际产业扩张理论就很好地解释了国内产业结构升级与国际产业转移间的内在关系。

美国经济学家 Lewis（1977）在要素禀赋理论的基础上首次提出了劳动密集型产业转移理论。Lewis 指出，“二战”之后发达国家人口增长率的急速下降致使其国内劳动密集型产品的需求缺口增加，从而导致发达国家中部分劳动密集型产业丧失其比较优势。在这种情况下，发达国家被迫将其国内劳动密集型的产业转移到其他发展中国家同时通过进口发展中国家生产的产品来满足国内对于该类产品的需求。Lewis 同时认为，由于发展中国家拥有丰富的廉价劳动力资源，容易使其成为劳动密集型产业转移的承接主体，又由于发达国家在劳动禀赋上并不具有优势，因此，通过将劳动密集型产业向海外转移提高生产率。

二、产业共生理论

与传统的国际合作方式不同，国际产能合作是以互利共赢为基础、以共同利益最大化为目的的一种新型国际合作模式，它的核心思想来源于共生理论。共生理论最早是来源于生物学的概念，在长期的研究中，社会科学家们逐渐将它运用到经济生产领域作为解决现实中经济问题的理论来源，本节从一般共生理论和产业共生理论进行阐释和综述：

（一）一般共生理论

共生概念起源于生物科学领域，最初是指不同生物种属按某种物质联系而生活在一起，由德国真菌学家 Anton de Bery 于 1879 年首次提出，后经 Famintsim、Prototaxis 等不断发展完善，由此开创了生物领域尤其是生物进化领域的研究新视角（刘志迎等，2004）。而后，在生物学领域，共生理论经历了百余年的发展，目前已开始广泛延伸到了不同的学科领域（杨玲丽，2010）。

对共生理论的直接借用是工业生态学，并形成了工业共生理论，该理论主要用来解决企业因相互利用副产品而发生的各种合作问题。随着中国“和谐社会”理念的提出，吴飞驰（2000）在中国率先将共生理论引入社会学领域，提出了“社会共生论”。1987 年，黑川纪章将共生引入哲学领域，其共生哲学的核心是兼容并蓄的共存理念。之后，在吴飞驰（2002）、李思强（2004）等学者的大力倡导下，共生理论在哲学领域取得很大进展，已经成为社会科学领域的一种方法论。在此背景下，共生理论开始被引入经济学领域，例如，诺贝尔获得者 Stiglitz（1998）运用共生理论研究经济问题，率先在金融领域提出了共生分析框架。此后，经济学领域的共生问题逐步进入中外学者们的研究视野，而产业共生关系则开始成为人们关注的一个热点。

（二）产业共生理论

产业共生理论是对一般共生理论的延续和深化。共生理论作为一种方法论应用到经济学领域之后，学术界对产业共生关系的内涵形成了狭义和广义两种不同的理解。狭义上的产业共生关系把产业内的单个企业作为“共生单元”，它是指产业链内企业之间为了提高各自对环境的适应能力，基于资源优势互补、规模经济、范围经济等动因而形成的互为补充、优势互补、密切联系以及相互促进的关系。而广义的产业共生关系则突破了产业链的约束，它将每个产业都视为社会系统的一个“共生单元”（刘志迎和郎春雷，2004；胡晓鹏，2008）。唐强荣和徐学军（2008）认为，无论是狭义的产业共生关系，还是广义的产业共生关系，其外延都应该包括合作的范围、合作的深度、合作的紧密程度以及利益的分配机制。孙畅（2017）认为，产业共生关系内涵的核心在于对“共生单元”的界定上，如果把“共生单元”界定在同一产业内部，那么是微观视角的产业共生关系；相反，如果把“共生单元”界定在不同产业之间，那么是宏观视角的产业共生关系。

在对产业共生内涵认识的基础上，中外学者对产业共生的动因、机理、模式、环境及政策等问题进行了大量的理论与实证研究。Bonaccorsi（1992）认为，小企业依赖大企业完成国际化进程正是企业之间的共生作用体现。Zaccaro 和 Horn（2003）认为，在产业共生结构中至少包含两个共生体，它们之间获得共生能量的主要途径是共生单元之间的合理分工。Ehrenfeld（2004）认为，产业共生是对工业共生的超越，他进而指出，工业共生仅局限在企业间副产品的交换上，而产业共生则是除了副产品交换之外，还包括技术创新、知识共享及学习机制等问题。产业共生理论在中国的系统研究最早可以追溯到1998年，学者袁纯清（1998）借鉴生物学共生概念，运用数理分析方法构建了产业共生关系理论分析框架。之后，运用共生理论来研究中国的产业经济问题开始成为国内学术研究的一个热点。刘志迎和郎春雷（2004）以利己、中性及不利己作为共生单元的决策策略集，运用博弈论思想演绎了产业共生模式，分析了产业组织理论的共生原理，初步构建了共生的产业经济分析范式。刘志侃等（2013）提出了产业共生发展中中介体的概念，他们认为，中介体具有宣传支持、信息支持、经济支持、沟通桥梁、技术支持、政策支持与监督管理七大功能，可以降低产业共生中的交易成本。孙畅（2017）基于产业共生的作用机理，构建了产业共生水平评价模型和空间计量模型，基于生产服务业和制造业共生的视角研究了产业结构升级效应。在中外学者们的共同探索下，产业共生理论体系已初现雏形，并在实践中展示了强大的生命力。

三、区位选择理论

产能合作的区位选择问题是有效开展国际产能合作的关键因素，区位选择理论是选择合理产能合作东道国的重要理论支撑。区位选择理论主要包含早期的传统区位选择理论和之后不断发展的非传统区位选择理论。

（一）传统区位选择理论

传统的区位选择理论主要包括农业区位论、工业区位论和战略性空间竞争理论。这些理论主要从生产要素视角出发，采用微观经济学的分析方法来探讨要素价格如何影响区位分布，其价格变化如何影响区位变化等问题（魏伟忠和张旭昆，2005）。

农业区位理论最早是由经济学家 Thünen（1826）提出的，该理论认为，通过区位均衡能解释农业生产中的区位选择问题。他认为土地距城市市场的距离会影响农产品成本的空间差异从而导致地租的变化（蔡孝箴，1998）。

Thünen 还认为，农业生产成本、农产品价格和运费共同决定了农业生产的利润，如果将成本和价格视为常数，则利润的大小主要取决于运费。这一理论的缺陷在于它均质的空间假设是很苛刻的，且单一的研究视角忽视了城市周边土地利用的重要性。

工业区位选择理论是经济学家 Weber 在 1909 年提出的，它是继农业区位理论之后的又一大重要区位选择理论。该理论认为，通过寻找工业区位的移动规律能很好地研判工业区位中影响因素的影响效果。Weber 通过采用分析工具对运输成本与工业区位选择关系进行研究发现，在各种因素中，经济因素作为成本因素是影响工业区位的重要原因。在此研究结论之上，他进一步将劳动成本纳入其研究工业区位的根系框架中，提出了劳工系数的概念，他认为，劳工系数越大，企业越容易被廉价劳动力所吸引。基于上述研究，Weber 将运输成本和劳动成本视为工业企业选择区位的两个决定性因素。

战略性空间竞争理论是经济学家 Hotelling（1933）在 20 世纪初开创性地提出的，该理论将空间竞争分析框架纳入双头垄断区位均衡中，并将空间决策引入战略性空间竞争理论。这一创新实现了策略主体集聚在市场中心的区位均衡，同时打破了常规商业竞争研究中单纯以产量和产品价格作为竞争手段的分析思路，对区位选择理论的研究有较强的启示作用。

传统的区位选择理论的假设前提是完全信息和理性经纪人，这是一个较为苛刻的假设条件，在现实中难以实现，这在很大程度上影响了区位选择理论研究的空间意义，所以在学术界备受争议。

（二）非传统的区位选择理论

非传统区位选择理论研究的兴起始于 20 世纪 60 年代，开始关于区位选择理论的研究以行为经济学为基础，该理论重视企业结构和组织管理差异同时考虑内部组织与外部环境间的相互作用，同时假定区位选择主体有多样的动机和目标。然而，虽然该理论是在传统区位选择理论基础上的一次巨大进步，但依然还是流于描述层面，缺乏理论分析。而后到 70 年代初，以结构主义为核心的区位选择理论开始抬头，与最初的理论不同，该理论不局限于微观层面的研究重点考察了社会因素、结构因素在区位选择中的作用，使此类研究具有宏观性和整体性。到了 20 世纪 80 年代，以生产方式为主的区位选择理论开始涌现，由于西方发达国家的生产方式正在由大规模生产向柔性生产转型，产业的再结构化逐渐对产业空间分布和区位选择产生了一定的影响。同大规模生产方式相比，柔性生产具有规模小、周期短、网络经济以及技术经济等特点，这些特点极大地影响了企业区位选择的变化。所以，以此为基础的区位选择理论还未形成自己的理论框架，但其开创性的研究对区位选择理论的发展有着里程碑式的意义。到了 20 世纪 90 年代，涌现出了一批经济学家研究以非安全竞争市场结构为主的区位选择理论，其中的代表人物包括 Arthur 和 Krugman。Krugman（1985）等学者以复杂的数学模型为工具基于要素收益递增和非完全竞争假定研究了产业集聚和区域差异的问题。此外，Krugman 的模型还反映了规模经济和企业区位的关系、运输成本和企业区位的关系。这一系列研究在很大程度上改变了传统区位理论的分析框架（金相郁，2004）。

基于上述的理论研究分析可以看出，传统区位选择理论重视现状分析，而非传统区位选择理论重视区位因素和区位创造分析，即分别关注企业为何选择该区位和企业如何选择最优区位的问题。传统的区位选择理论和非传统的区位选择理论的有机结合能很好地指导国际产能合作中的东道国区位选择问题。

第三节　本章小结

本章主要对全文基于的理论和研究的相关文献进行了梳理，整理出现有研究的优点与不足，为接下来的研究奠定理论基础。首先，本章梳理了近年来与本书相关的文献，包括国际产能合作影响因素研究、国际产能合作潜力的相关研究、国际产能合作风险的相关研究以及国际产能合作区位选择的相关研究。其次，对全文基于的理论进行总结和归纳。最后，通过对相关文献和理论的归纳总结，本章得到了以下结论：现有文献的不足包括缺乏针对将某一金属产业纳入“一带一路”倡议分析框架下的定量研究；局限于研究静态的“硬距离”的影响而忽视了“软距离”的影响；在合作风险的研究中，仅考虑东道国自身的风险而忽视了中国因素；在区位选择的研究中，缺乏对风险—收益的统筹考虑。

第三章　多维动态距离内涵、测度及对钢铁产能合作的影响

通过前文对国内外相关研究的梳理发现，大多数学者在研究国际经贸问题、国际产能合作影响因素问题时广泛采用的方法是贸易引力模型。然而，贸易引力模型采用的核心解释变量是静态的地理距离，地理距离在一段时间内是不随时间变化而变化的量，即不具有时变性。此外，随着交通运输的不断完善及国际形势的日趋复杂，单一考虑静态地理距离的引力模型对现有合作的影响因素缺乏解释力。本章尝试在“一带一路”倡议“五通”核心思想指导下，对引力模型中的距离指标内涵进行拓展，构建多维度的动态距离指标体系。本章的研究顺序是，首先，对多维动态距离维度选择的背景和现实依据进行阐释；其次，解释多维动态距离的内涵以及测度方法；最后，尝试对多维动态距离影响钢铁产能合作的影响机理进行分析。

第一节　多维动态距离维度选择

本书主要部分的实证研究采用引力模型的方法，该模型中距离是最为重要的解释变量。在以往研究两国经贸合作的文献中，距离变量通常采用地理距离作为衡量标准。近年来随着国际经贸往来的日趋频繁，地理距离在国际合作间的影响正在日趋减少，简单采用地理距离构建的引力模型往往不够精确。此外，随着“一带一路”倡议的深入推进，中国与沿线国家已经开始进行全方

位的交流与合作，如何优化引力模型中的距离指标使之既能提高模型的精度又能体现“一带一路”倡议带来的影响是一个需要尽快解决的重要问题，也是本书的一个主要创新点。本节就从多维动态距离的选择背景和指标选择两个方面对这一问题进行深入的阐释。

一、多维动态距离维度选择背景

在选择多维动态距离的维度指标时，本书充分分析了“一带一路”倡议的具体内容和核心要义，并据此借鉴了习近平主席在党的十九大报告中明确指出的“一带一路”倡议的核心内涵，即要“努力实现政策沟通、设施联通、贸易畅通、资金融通、民心相通，打造国际合作新平台，增添共同发展新动力”的五通思想。这一思想在不久之后发布的《远景与行动》中被简要表述为政策、设施、贸易、资金、民心五个方面，并将其列为“一带一路”倡议互联互通的主要合作内容，简称“五通”。“五通”的思想不仅是指引“一带一路”倡议积极稳步开展的重要前提和保障，也是本书构建多维动态距离指标体系的重要依据，具体而言，表现为以下五个方面：

（一）政策沟通是“一带一路”建设的重要保障

自“一带一路”倡议提出以来，中国与沿线国家的合作已全面展开，与一些国家的合作也取得了实际成果，但从推进的进度来看，表现出很大的差异性，特别是对“丝绸之路经济带”倡议的认同还存在差异。因此，将加强政策沟通置于“五通”的首要位置显得尤为重要。政策沟通具有双重意义，纵向的沟通是指国内各主管部门和各级政府间的协调沟通，横向的沟通则是各国政府之间的协商沟通。在“一带一路”框架下，政策沟通应侧重于政治互信、规则制定、发展战略、国际主张、合作理念等方面内容。尽管“一带一路”倡议提出后，沿线一些国家从疑虑到观望，再到积极响应和参与支持，政策沟通发挥了决定性作用，但是沿线国家的政治多元、多种文明交汇、恐怖威胁上升等问题也给政策沟通带来障碍（孙力，2016）。

加强各国间的政策沟通与协调是“一带一路”建设的重要保障。“一带一路”倡议涉及的范围广，且涉及众多国家和地区间的利益，与相关国家既有政策、战略、发展规划会存在一定的重叠，甚至是冲突。因此，有必要在政府间架构宏观政策沟通协调机制，加强政府间的交流合作，寻找利益契合点，促进政治互信，达成全新的合作共识。沿线国家还需要就各自的国家战略和发展规划进行全面的交流和有效的对接，求同存异，协商处理合作中存在分歧和问题，协同制定推动区域合作的对策与措施，为进一步务实合作和推进项目实施提供积极的政策支持。所以，积极有效推进“一带一路”国际产能合作的一个重要保障前提就是要缩小沿线国家间的“制度距离”，从而达到政策沟通顺畅的目的。

（二）设施联通是“一带一路”建设的优先领域

“丝绸之路首先得要有路，有路才能人畅其行、物畅其流”，“一带一路”倡议的开展，设施联通是前提，也是这一倡议能够稳步推进的基石，它决定着“一带一路”建设的进程和成败。设施联通的好处体现在以下三个方面：首先，有利于突破发展瓶颈，加快域内国家经济发展和民生改善。基础设施落后是制约“一带一路”沿线国家经济发展的主要短板，沿线国家约有 5 亿人无法用电，接近半数人口享受不到互联网服务的现象，极大地制约了沿线各国的发展。其次，有利于改善域内经贸合作环境，促进优势互补、实现共赢发展。互联互通、标准兼容的基础设施是货物贸易、资金配置、人员流动以及产业合作的基本前提和重要条件。最后，有利于在最短时间内实现收益，坚定沿线国家对“一带一路”的信心。这是因为基础设施建设和联通顺应国际潮流，较易实现对接；加强基础设施领域重在补短板、破瓶颈，对促进经济发展和改善民生作用明显；中国国际工程承包实力强，建设能力有保障（罗雨泽，2017）。

在“一带一路”倡议的具体布局上，首先，设施联通在陆路运输上，要按照六大经济走廊的布局，在战略节点和关键通道率先打通路径，全面提升道路的通达水平；其次，在海路运输上，要全面加强口岸基础设施建设，顺畅水陆联运通道，推进海上物流信息合作，加快相关基础设施的建设；最后，在基础设施互联互通上，在充分考虑主权国家的利益和安全的基础上，积极开展基础设施的援建和对接，深化沿线国家的连线，降低互联成本。所以提高“一带一路”国际产能合作效率的优先条件即要缩小沿线国家间的“地理距离”，从而有效降低国际间合作的成本。

（三）贸易畅通是“一带一路”建设的重要内容

贸易畅通是实现中国与“一带一路”沿线国家经济交往日益密切的必然

选择，实现贸易畅通新选择对于“一带一路”沿线国家都具有重要意义和关键地位（王志远，2016）。

尽管中国与“一带一路”沿线国家和地区的贸易合作潜力巨大，但也存在障碍和难点。障碍在于，多数“一带一路”沿线国家工业基础薄弱，经济规模和需求有限，制约了贸易合作的空间。沿线国家的经济发展程度和水平差异大，导致很难形成较大规模的自由贸易区，并且贸易政策和规则的协调也较困难。少数国家的地缘政治和制度环境不稳定，同时关税和非关税壁垒水平较高，给贸易带来风险和额外的成本（黄立群，2016）。国际贸易规则体系不健全，对外贸易的政策和法律体系不完整，无法保障贸易利益。潜力在于，中国与“一带一路”沿线国家的贸易合作具有互补性和增长潜力。沿线国家多数处于工业化初期阶段，在初级产品尤其是农产品、矿产品和原材料出口上具有优势；而中国在工业制成品上具有优势，加强贸易合作与发展可以实现优势互补。同时，中国经济面临转型和消费升级，未来对“一带一路”沿线国家的投资需求和进口需求都将不断增加。此外，随着贸易成本不断下降，中国不断扩大对外开放，沿线国家和地区将更多地分享中国的市场和机会，扩大贸易合作（李春顶，2019）。

“一带一路”倡议提倡与沿线国家的贸易往来更为畅通和便捷，通过多元化的国际方式实现双方的互利互惠。这主要体现在三个方面：一是在贸易便利化方面，要加强沿线国家监管互认、信息互换、标准计量等，同时要进一步提升口岸通关能力、降低关税壁垒等从而提升贸易便利化水平。二是在贸易合作方面，要推进自贸区建设，扩展贸易领域、创新贸易方式从而积极释放合作潜力。三是在投资方面，要消除投资壁垒、保护投资者权益、加快投资便利化进程。所以贸易畅通的目的一方面是要使国际合作的方式多元化，另一方面要提升合作中的便利度降低合作成本。

（四）资金融通是“一带一路”建设的重要支撑

“一带一路”倡议提出的资金融通要求在“融”的同时还要“通”。就国际贸易的发展规律来看，国家间的分工、交换和货物流通当然需要设施联通和资金融通的支持，进而也需要政策沟通和民心相通的协助和保障。随着这一基础目标的逐步实现，一个相互包容、紧密合作的经济共同体的形成，利益共同体、命运共同体和责任共同体将应运而生。但无论从哪个层面来看，以市场力量促进经济合作和共同发展都是关键。因此，资金融通在其中将起到催化、促进、助力等不可替代的作用（徐坡岭和刘来会，2016）。

“一带一路”建设中的资金融通有其特定的内涵，不仅服务于贸易结算、基础设施投融资和其他投融资活动等特定任务，而且以建立区域金融市场为目标。中亚区域内经济发展状况、相互经贸关系以及金融资源需求强度构成区域资金融通的基础。区域内国家间经济发展差距，宏观经济稳定性，国际金融博弈以及地区政治安全形势对区域内资金融通构成挑战。以满足经贸资金需求和项目融资需求推动区域内资金融通机制化，推动人民币区域国际化，构建区域金融市场体系，加强区域内外国际金融合作是达成相关目标的政策选择。

“一带一路”建设中的资金融通，一方面，在活动范围上超出了一国的市场范围和主权管辖范围；另一方面，资金融通活动的风险监管和制度规范也需要跨国进行。提高资金融通和货币流通效率是“一带一路”建设的重要支撑。在货币体系合作方面，要不断扩大沿线国家双边本币互换，逐步实现本币兑换和结算，以降低流通成本；在投融资体系合作方面，要加快亚洲基础设施投资银行（Asian Infrastructure Investment Bank，AIIB）、金砖国家开发银行（New Development Bank，NDB）的筹建与运营，充分发挥丝路基金和各国主权基金的引领导向作用，引导社会资本和商业性股权投资基金参与沿线重点项目建设。在信用体系合作方面，要在征信机构、评级机构、征信管理部门之间建立高效的沟通交流与协调机制，加强跨境合作和危机联合处置机制。所以要实现上述目标的一个重要途径就是缩小沿线国家间的“经济距离”，它是推进“一带一路”国际产能合作进程的重要支撑。

（五）民心相通是“一带一路”建设的社会根基

国之交在于民相亲，民相亲在于心相通。民心相通是更高层次上的互联互通，重视并抓好民心相通对推进“一带一路”建设、促进沿线国家共同发展、推动构建人类命运共同体具有重要深远意义（王亚军，2019）。民心相通一直是中国对外政策的重要内容，应以“和平合作、开放包容、互学互鉴、互利共赢”的精神为抓手，服务于“一带一路”建设。中国与“一带一路”沿线国家多属发展中国家，都曾受益于古丝绸之路，对“一带一路”的内涵也颇为认同。但同时，欧亚地区国家关系复杂，“热点”问题多，历史积怨多。中国及沿线国家的国际话语权都不强，各类人才储备不足，民心沟通的高效载体欠缺（李自国，2016）。“一带一路”沿线有60多个国家，人口约44亿，不仅是各种文明的汇聚之地，也是各种矛盾的交织之地。沿线国家集中了世界上的主要宗教，各国的传统各异、国情悬殊、制度多样、发展水平差异大，彼此间既有友好交往的历史，又有长期累积的矛盾和恩怨。

中国作为“一带一路”倡议的发起者，要在推进与沿线国家民心相通的过程中起到积极的引领作用。诚如《愿景与行动》中提出的，“广泛开展文化交流、学术往来、人才交流合作、媒体合作、青年和妇女交往、志愿者服务；扩大相互间留学生规模，开展合作办学；互办文化年、艺术节、电影节、电视周和图书展等活动”。具体而言，在人才教育方面，各国应积极开展联合办学，扩大留学生互派规模，提供更多数量和形式的政府奖学金；在旅游文化方面，对口建立友好城市、简化旅游签证、扩大旅游规模，深入挖掘具有丝绸之路文化特色的国际旅游线路和产品；在民间交流方面，积极开展各种形式的民间文化交流，逐步向沿线国家宣传“一带一路”倡议的核心思想。总之，要延伸“一带一路”国际产能合作范围的一个最为重要的前提条件就是要缩小沿线国家间的“文化距离”，实现国家间文化的互融互通（张昆，2015）。

综上所述，本书中多维动态距离的概念就是在这“五通”思想指导的背景下提出的，有别于传统引力模型中单一的、静态的地理距离，多维动态距离是包含多个维度且具有时变性距离指标体系，具体的指标选择在后文会有详细阐释。

二、多维动态距离指标的选择

由前文的背景介绍中可以发现，中国与“一带一路”沿线国家在区位、政治、文化、经济和制度上都存在着较大的差异，而“一带一路”倡议的核心思想是要最大化地缩小不同国家间在各个维度上的差异从而能够有效、积极地推动国际间的合作，最终实现互利共赢的共同目标。“一带一路”倡议的这一核心思想被简要概述为“五通”，即要致力于实现“政策沟通”“设施联通”“贸易畅通”“资金融通”“民心相通”五个方面。而这一国家间的“互联互通”概念正好与传统引力模型中的“距离”概念不谋而合，与传统引力模型要尽力缩短国家间“距离”以实现国际贸易的流转一样，“五通”的核心思想就是要拉近沿线各国之间的“多维距离”，从而保证国际产能合作的有效推进。基于上述的结论，本书的一个主要创新点就是要将“一带一路”倡议中“五通”的核心思想进行量化，并将其纳入引力模型中，构建一个基于“多维距离”的分析框架进行探索和验证。而实现这一目标的前提就是要对“多维距离”的衡量指标进行科学的选择。

在传统引力模型中，作为核心解释变量的距离通常是采用地理距离作为衡量指标，这是因为在传统的国际贸易中，距离是决定国家间贸易成本的一个重要因素，往往在贸易决策中占据较高的比重。然而，随着社会经济文化的不断进步，随着“一带一路”倡议的深入推进，影响中国与沿线国家间经贸合作的因素变得越来越多，单一的、静态的地理距离已经很难精准地衡量国家间的贸易成本，也较难解释现今日益变化的国际关系。所以结合前文的分析，本书尝试对引力模型中“距离”这一变量进行拓展使其具有多维性和时变性。

通过对相关文献的阅读和梳理，同时结合“一带一路”中“五通”的核心思想，本书将选取地理距离、经济距离、制度距离和文化距离作为动态距离指标体系的四个维度。一方面，是因为这四种距离是学术界研究国际产能合作关注的主要因素，对其量化指标也有较为成熟的解释；另一方面，是因为这四个距离能够很好地诠释“五通”的核心思想内涵，即地理距离能较好地反映设施联通效果、经济距离能较好地反映贸易畅通与资金融通效果、制度距离能较好地反映政策沟通效果、文化距离能较好地反映民心相通效果，也就是说，四个距离反映了“一带一路”倡议中“五通”的核心要义。此外，从指标的属性特征来看，地理距离是一种“硬距离”，而经济距离、制度距离和文化距离则是一种“软距离”。多维动态距离各维度的选择依据、内涵及测度方法将在接下来的章节中有更为详细的介绍。

第二节　多维动态距离各维度内涵及其测度

在前文对多维动态距离指标进行选取的基础上，本节将具体阐释多维动态距离各维度距离指标的内涵和测度方法，为之后的研究奠定基础。

一、地理距离

（一）地理因素分析

长期以来，地理距离一直是开展国际合作中一个重要影响因素，然而究竟地理距离如何影响合作的效果，不同学者之间始终存在争论。Brainard（1993）认为，地理距离越远越有助于两国间的直接投资，由于地理距离远带来的运输成本上升导致跨国公司会以在东道国建立子公司进行本地销售的方式取代出口从而迎合东道国的市场需求。从贸易角度来看，广度、品质和数量是构成贸易总量的三个方面，新增长理论认为，广度（包括产品种类）增加、品质提升是内生经济增长的源泉。如果地理距离主要通过广度和品质途径影响贸易总量和经济增长，那么地理因素不仅会影响贸易规模和贸易结构，且会进一步影响经济增长的可持续性（施炳展等，2012）。然而，更多的学者则认为，地理距离的增加会给两国间的经贸合作带来一定的负向影响。一方面，地理距离会带来国际合作中的"冰山效应"，这是因为国际化生产中的中间产品和最终产品在母国和东道国间的转移会导致合作成本的上升。另一方面，地理距离会影响合作双方之间的沟通和监督，使合作双方产生信息不对称的现象，如果采用技术方式降低这一现象的影响效果又会产生额外的成本，某些信息的传递甚至还依赖人员和实物的流动（Grote & Rucker，2007；Keller，2002）。最后，地理距离的远近在一定程度上影响着合作双方在语言、文化、制度等方面的差异，距离越远往往意味着这些差异越大，一般而言，相邻的国家关系更为密切和稳定，沟通也更为顺畅。

由于国际经贸合作开展的双方处在不同的区域，这种在空间上的分隔无形中将会产生交通、通信等方面的交易成本。众多学者的研究也论证了这一观点，Smith（1776）在他的著作《国富论》中就论述了运输成本对国际贸易的影响，他认为，较高的运输成本将会减少区域贸易量甚至导致交易的终止，而运输成本则是由地理距离的远近所决定的。此外，Thunen（1875）从农产品贸易的视角分析了城市近郊、远郊与农产品体积的关系，他认为，城市近郊相比于城市远郊更适合生产运输成本高的农产品。由 Samuelson（1954）提出"冰山成本"理论同样明确地指出了由空间分隔产生的交通、通信等交易成本是普遍存在的，这种交易成本直接影响合作双方的总成本。此后，随着引力模型在国际贸易领域的突破，地理距离逐渐成为影响国际贸易的关键因素，在引力模型中，地理距离作为关键的解释变量直接反映了两国间的运输成本，即距离越远，成本越高。

（二）地理距离测度

关于地理距离的测度，以往的文献通常采用较为简单的测算方式。对于两国之间的距离测算，普遍采用两国主要城市间的空间距离进行估计，其中，包括两国间的直线距离或两国间的海运距离（Sorenson & Stuart，2001；程惠芳和阮翔，2004）。这种测度方式能大体上反映两国间的货物贸易的距离，在一定程度上体现两国间的贸易成本。然而这些测算方法也存在一定的缺陷，仅考虑空间距离的远近，通常情况下对两国间的运输成本的衡量不算精确。此外，静态的地理距离缺乏时变性，在模型的应用上也有一定的局限性。

为了解决采用静态地理距离产生的问题，本书将重点考虑随时间变化的动态地理距离。在引力模型中，地理距离主要反映的是两国间的运输成本，显然，一成不变的两国间地理距离不能真实准确地反映两国间的运输成本，所以本书借鉴施炳展等（2012）对地理距离的界定，运用 Google Earth Pro 计算北京到各东道国首都的直线距离。同时采用蒋冠宏和蒋冠春（2012）的研究，采用每年的国际原油价格指数对地理距离进行加权计算，得到连续的随时间变化的动态地理距离（陈衍泰等，2016）。对静态地理距离的加权处理，一方面，体现油价变动对国际间货物贸易成本的影响；另一方面，在引力模型中采用动态的地理距离能更好提升动态面板模型的精度。

二、经济距离

（一）经济因素分析

在传统引力模型中，除了距离变量以外，经济规模也是影响两国间贸易流量的一个重要因素。一般认为，母国与东道国的经济规模越大，则两国间的贸易流量越大。传统引力模型中的这一设定忽略了两国间由于彼此经济差距带来的影响，从而影响了模型的精确度。本书在考虑经济因素对国际产能合作的影响时，主要引入了“经济距离”这一概念。

20 世纪 50 年代，Perroux（1950）首次提出“经济距离”概念，他认为经济距离是指两国间价格和成本的差异。此后不同学者纷纷提出自己对于经济距离的看法，例如，Beckerman（1956）认为，经济距离是指相关的贸易成本，而不是实际里程；Armine（1986）认为，经济距离是东道国与母国的经济条件差异；Ghemawat（2001）认为，经济距离是两国间消费者的收入差距；Armstrong（2009）认为，经济距离是国际资本流动的运输成本，因为国家间对位投资的阻力来源于国家间的经济距离；Fisher 等（2015）认为，经济距离是国际贸易成本问题，它代表两国贸易成本的差异；陈岩等（2014）则进一步指出，经济距离是东道国与母国经济条件的差异；聂文静和李太平（2015）认为，经济距离应该被定义为经济发展和宏观经济特征的差异。

在研究经济距离对国际合作的影响问题中，最早是由 Linder（1961）所阐释的，他认为拥有相似需求结构的国家将输入或输出更多水平差异的产品。而后 Peltrault 和 Venet（2005）提出，用人均收入或人均国内生产总值作为需求结构的代理变量，这就进一步深化了经济距离对国际贸易的影响，即经济发展水平越相似的国家越存在合作的可能。而后李文宇和刘洪铎（2016）进一步指出，经济差距较大的两国的比较优势和互补性会被强化，通过国际合作恰好能利用和发挥这一优势。也有学者持反对意见，他们认为，两国的经济发展水平如果存在较大差距或差距正在加大会导致双方国家在对产品需求的差异加大，这就间接限制了两国间的贸易。

（二）经济距离测度

经济距离主要用以反映合作双方的经济发展水平差异，人均收入差异和物价指数差异等。基于研究的目的，本书认为，经济距离主要是评估两国在经济发展上的差距抑或是指这种差距的量化指标。在诸多评价指标中，两国之间的收入差距能较好地反映两国经济发展的差异情况，故本书选用研究目标国的人均收入差距作为两国经济距离的替代变量，同时考虑国家间的经济规模。本书借鉴 Carrere（2006）的重力模型公式：

$$D_e = \frac{(\overline{Y_A} - \overline{Y_B})^2}{Y_A Y_B} \tag{3-1}$$

其中，D_e 表示两国间的经济距离；$\overline{Y_A}$ 表示人均收入，用人均 GDP 来表示；Y 表示经济规模，用 GDP 总量表示。

通过上述公式，可以求出中国与沿线各国的经济距离，2000~2016 年中国与沿线国家经济距离指标见附录一。

三、制度距离

（一）制度因素分析

制度距离的概念是由 Kostova（1996）首次提出的，他认为国家的管制、规范和认知是制度的三个主要层面，制度距离就是指两国在这制度层面上存在的差异，它的界定来源于制度的概念，因为组织一旦跨越国界就要面临不同的制度环境，而东道国与母国间存在制度环境的差异。而后 Phillips 等（2009）也从组织领域的视角论证了这一观点。祁春凌和邹超（2013）除了再次实证检验了上述学者的观点之外，同时还提出制度距离同样表现在国家和地区之间制度质量的差距，其涉及了政治、法律和经济制度等管制和规范问题。学者们普遍认为，倘若合作的双方拥有更为相近的政治、经济和法律制度，则可以降低因制度差异而产生冲突的概率，减少沟通障碍从而促使交易顺利达成（North，1994；Barro，1999；Rodrik，2000；杜江和宋跃刚，2014）。如果合作双方的制度距离差异较大，则不可避免地会增加发生制度冲突的概率，同时合作双方还要为解决这种差异支付交易成本（Kasper，1994；Meyer，2001）。

（二）制度距离测度

基于上述的理论分析，本书认为，制度距离应该反映国际合作双方国家或地区之间制度水平的差异，这种差异能在一定程度上反映国际合作中的成本问题。在制度距离的测度方面，本书采用在研究制度因素中被广泛应用的“全球治理指数”（World Governance Indicators，WGI）来衡量母国和东道国的制度水平。如表 3-1 所示，“全球治理指数”将国家制度质量划分为五个维度，即政治稳定性、政府效率、监管质量、法治规则、话语权与问责制以及腐败控制，这些指标能很好地反映东道国和母国政治制度的稳定性、政府的工作效率、对企业监管的强度和法律法规公正性以及政府的清廉和对腐败的控制等情况（陈怀超等，2014）。

表 3-1　全球治理指标的来源及概述

	来源	概述
话语权与问责制	世界银行	-2.5（弱）到2.5（强）的指数，反映了国家公民能够选择他们的政府以及享有言论自由、结社自由和媒体自由的权利
政治稳定与杜绝暴利/恐怖主义	世界银行	-2.5（弱）到2.5（强）的指数，反映了政府被推翻或破坏（通过违宪和暴力的途径，包括恐怖主义活动）的可能性
政府效率	世界银行	-2.5（弱）到2.5（强）的指数，反映了政府公共服务的质量，政府独立于政治压力的程度，政策制定和实施的质量以及政府兑现承诺的能力
监管质量	世界银行	-2.5（弱）到2.5（强）的指数，反映了政府制定并实施监管政策的能力
法治水平	世界银行	-2.5（弱）到2.5（强）的指数，反映了经济主体遵守规则的程度，以及对规则（尤其是合约实施、产权、法庭的规则）的信心
腐败控制	世界银行	-2.5（弱）到2.5（强）的指数，反映了公权力被私用的程度（包括腐败和政府被利益集团“俘获”）

本书拟借鉴黄新飞等（2013）学者的做法，采用“全球治理指数”（World Governance Indicators，WGI）衡量东道国的制度质量，通过测度东道国的制度质量得分与中国制度质量得分来估算两国间的制度距离。国家或地区的制度质量量化值为 I，由前文提到的六个维度指标测算而来，I 值越大意味着制度越完善，效率越高；反之则意味着制度越不完善，效率越低。本研究中，中国与沿线国家或地区的制度距离测算公式为：

$$D_z = I_i - I_c$$

$$D_z = \frac{1}{N} \sum_j \left| \frac{Z_{ij} - Z_{cj}}{maxZ_{ij} - minZ_{ij}} \right| \tag{3-2}$$

其中，D_z 表示两国之间的制度距离指标，Z_{ij} 表示沿线某国在 j 维度上的指标值，Z_{cj} 表示中国在 j 维度上的指标值。与此同时，本书采用了指数中报告的最大值和最小值的偏差来衡量其相对差异，从而最终计算得到中国与沿线国家之间的制度距离。2000~2016 年中国与沿线国家制度距离指标测算结果见附录二。

四、文化距离

（一）文化因素分析

文化距离指的是不同国家或地区在语言、生活习惯、社会文化等方面的差异程度。同时文化距离还是国家之间文化准则的差异，它塑造了国民在价值观、世界观和行为方式等方面的差异（Kogut & Singh，1988）。DiMaggio 和 Zukin（1990）首次研究发现了国家间的文化距离会对全球市场经济活动产生一系列重要的影响。学者们发现，文化距离可以通过影响合作双方的贸易成本和消费者选择来干扰国际贸易中的合作行为，部分学者认为，文化距离的增加往往伴随着国家间贸易成本的上升从而抑制国际合作的开展；也有学者认为，文化距离可以通过增加两国产品异质性和消费者学者来加强两国之间的经贸联系。然后文化是个抽象的概念，而距离却是一个具体的概念，在量化文化水平的研究中，Hofstede（1980）做出了重要的贡献，他从对 66 个国家的 IBM 员工进行工作价值调查的研究中提出"文化维度理论"并构建了四个文化维度框架来分析国家间的文化差异，而后又逐渐改进发展成为六个维度，其中，包括权利距离、不确定性规避、个人主义和集体主义、男性化和女性化、长期取向和短期取向以及自我放纵和约束。

1. 权利距离

权利距离是指一个社会群体中权利弱势地位的民众对于社会权利分配不公的接受程度，其根本是社会如何对待民众之间的不公平。权利距离越大社会对于层级制度的接受度越强，而在权利距离小的社会，人们会争取权利的公平分配，也会声讨权利的非公平分配。

2. 不确定性规避

不确定性规避指社会内成员对于不确定性和模糊性的容忍度，其根本是社会团体对未知性的处理态度。具有高不确定性规避的国家对于原则和信仰的坚守度高，不能容忍异端思想和行为。底部确定性规避的社会则拥抱更为放松的状态，而不是固守原则。

3. 个人主义/集体主义

个人主义/集体主义该维度的高分代表个人主义，低分代表集体主义。指某一个社会总体对于个人利益和集体利益倾向上的一个反映。个人主义倾向明显的社会重视个人成就、个人价值的体现，而集体主义倾向明显的社会更重视所处集体利益的最大化。

4. 男性化/女性化

男性化/女性化该文化高分代表男性化文化特质。在充满男性气质的国家，社会中的两性分工区分明显，人们追求物质财富、喜欢相互竞争、处事决断、渴望成功；而在女性气质突出的社会，两性分工界限模糊，人们更关注人际关系，金钱观相对淡薄，处事低调，强调生活品质。

5. 长期取向/短期取向

长期取向/短期取向该维度得分较高代表短期取向。指一个社会群体对为某种目的推迟物质满足、情感慰藉、自我享受的忍耐能力和可接受程度。长期取向的国家关注未来，看待事物以未来为导向，做事留有余地，提倡节俭，注重储备。短期取向的国家重视过去和现在，强调对传统的传承，教导社会成员承担起责任。

6. 自我放纵/约束

自我放纵/约束该维度得分越高，说明该社会内成员对自身的约束力不大。该维度体现人们对生活的态度。放纵型社会强调自我需求的满足，崇尚物质享受和情感幸福；约束型社会则要求人们自我克制，倾向于建立严格的规章制度，存天理、灭人欲是典型的约束型社会特征。

在经过一系列的改进之后，Hofstede 的六维度文化理论已成为学术界量化评估各国文化质量最为常用的方法。

（二）文化距离测度

上述的理论研究分析了文化距离在国际合作中的影响。为了测算东道国与母国之间的文化距离，本书首先要对东道国和母国的文化质量进行量化评估。目前学术界对于文化水平的量化评估方法中，Hofstede 提出的国家文化理论中的多维度文化指标构造文化差异指标是最为常用的。该理论包含 LTO（长期取向/短期取向）、IND（放任/约束）、PDI（权利距离指数）、IDV（个人主义/集体主义）、MAS（男性主义/女性主义）和 UAI（不确定性规避指数）六个维度的文化指标，能充分地评价各国的文化水平。基于此，本书构建如式（3-3）所示的跨国文化距离测度模型：

$$D_c = \sum_{i=1}^{n} [(C_{ij}-C_{ih})^2/CV_i]/n \quad (3-3)$$

其中，D_c 表示两国间的文化距离；C_{ij} 表示 j 国在 i 文化维度上的指数；C_{ih} 表示 h 国在 i 文化维度上的指数；CV_i 表示 i 文化维度指标的方差；n 则表示文化维度的数量。

然而，由于 Hofstede 的六文化维度指标并不是每年更新，且考虑到国家和地区间的文化往来日趋频繁，本书借鉴万伦来和高翔（2016）的测算方法，将时间因素纳入模型的考虑范围，得到新的文化距离测算模型如式（3-4）所示。

$$TD_c = \sum_{i=1}^{n} [(C_{ij}-C_{ih})^2/CV_i]/n+(1/y_{jt}) \quad (3-4)$$

其中，TD_c 是具有时变性的文化距离指标；y_{jt} 表示 j 国在 t 年时与中国的建交年数，将其进行倒数处理能反映出建交年数的增加，能有效缩短两国间的文化距离，同时文化距离的缩短规律依然遵循边际效应递减。

通过以上估算方法，我们可以计算得到 2000~2016 年中国与沿线国家文化距离指标，具体参数值见附录一。

第三节　多维动态距离影响钢铁产能合作的机理

基于前文对多维动态距离内涵的阐释，本书认为多维动态距离通过影响双方的合作成本从而对产能合作产生影响，不同距离对合作成本的不同方面均有影响，同时也略有侧重。

（一）地理距离主要会带来运输成本的上升

早在 18 世纪，Smith（1776）就指出，一国的地理条件会影响一国对外的经贸合作，并影响到了世界各地的文明兴衰。然而随着社会科技的不断发展，交通运输成本正在下降，尽管一些学者认为，地理距离因素对于两国经贸合作的影响趋于减弱，但不可否认的是，在国际贸易早期，地理的阻隔无疑是影响经贸合作的重要因素，使早期的贸易主要体现为区域内贸易。交通技术变革及全球化发展确实在很大程度上让贸易活动突破了地理环境的束缚，区域内贸易开始发展成为跨区域贸易，并真正意义上推动了国际贸易的快速发展。然而在新时期，地理距离依旧在多个方面影响着国家间的经贸合作。

一方面，地理影响国际经贸合作的一个重要途径就是地理距离产生运输成本，由于合作双方存在空间上的距离，商品在进行国际贸易中要在贸易双方国家之间流动，这将会带来直接的运输成本，通常意义上地理距离越远，运输成本越大；另一方面，地理距离长期影响合作成本的一个重要原因是能源价格，尽管国际运输条件在不断改善，但我们仍然生活在一个能源高价的时代，当前海运仍然是国际贸易的主要运输方式，而海运成本高度依赖于能源价格。此外，受到地理距离远近的影响，合作国之间还会由于信息不对称而影响双方的沟通成本，这与两国之间的语言、文化、制度等方面也密切相关。

（二）经济距离被认为影响了国际资本流动的流动成本

经济距离是由于东道国与母国在经济发展水平上的差异形成的，其存在往往会导致两国在要素成本和技术能力上存在差异，而这两者恰恰是影响国际资本流动成本的重要因素。较小的经济距离意味着东道国与母国具有相似的经济发展水平和市场结构，因而有利于企业在东道国复制现有业务模式，便于国际资本的快速进入。

具体而言，经济距离反映的是国际资本流动的流动成本，主要体现在两个方面：一是经济距离代表两国贸易成本的差距，国家间收入差距加大会导致两国消费者的需求产生差异，从而扩大两国之间经济的互补性，推动两国之间的经贸往来；二是两国间国民收入差距加大会限制需求的增加，从而抑制了两国的经贸往来，对两国之间的国际合作产生负面的影响。

（三）制度距离会从多个方面影响合作双方的交易成本

两国制度对于国家间经贸合作有着不同方面的影响。首先，制度影响合作规模，通过引入制度趋同可以促进双边的经贸往来，制度相似性的提高可以提升经贸合作的规模。其次，制度因素影响国际经贸合作结构，例如，制度水平在简单产品经贸合作方面产生的规模效应高于复杂产品，制度水平对要素禀赋也会产生影响，通过生产方式的调整可以获得特有的竞争优势。最后，制度因素影响国际经贸合作利得，一国的制度水平越低，其在国际经贸合作中获得的收益就越少，制度水平与国际合作获利呈正相关关系。

总之，制度距离反映的是母国和东道国在不同制度层面上的差异，它从不同方面影响国际合作双方的交易成本。具有相似制度水平的合作国能大大降低由于制度差异带来的发生制度冲突的概率，减少合作中的沟通障碍，降低交易成本。相反如果合作双方的制度水平存在较大差异，则无形中会增加发生制度冲突的概率，合作双方要为解决这一差异支付交易成本。

（四）文化距离影响合作双方的沟通成本

文化是一国的共同认知，其支配一国人民的生活习惯、道德标准和价值观等各个方面。文化对国际经济合作产生的消极影响主要通过沟通成本与贸易不确定性产生，当跨境交易发生时，文化差异越大，沟通成本越高。只有双方最终能够达成共识，合作双方才能有利可图。另外，文化对国际经济合作的积极影响主要体现在消费者行为上，文化是衡量个体购买倾向与偏好的主要标准，国家间文化差异可能会成为一国文化的比较优势，这种比较优势能促进两国的经贸往来。

一方面，文化距离可以通过影响合作双方的贸易成本和消费者选择来干扰国际贸易中的合作行为，文化距离的增加会加剧国家间的沟通难度从而造成国家间贸易成本的上升导致阻碍国际合作的开展；另一方面，文化距离也可以通过增加两国产品异质性和消费者选择来加强两国之间的经贸联系。

综上所述，这些成本因素的相加在很大程度上反映出中国开展国际产能合作的合作成本。多维动态距离各维度的距离都会对合作成本的各方面产生影响，其影响的机理比较复杂，其影响机理简单来说正如图 3-1 所示，地理距

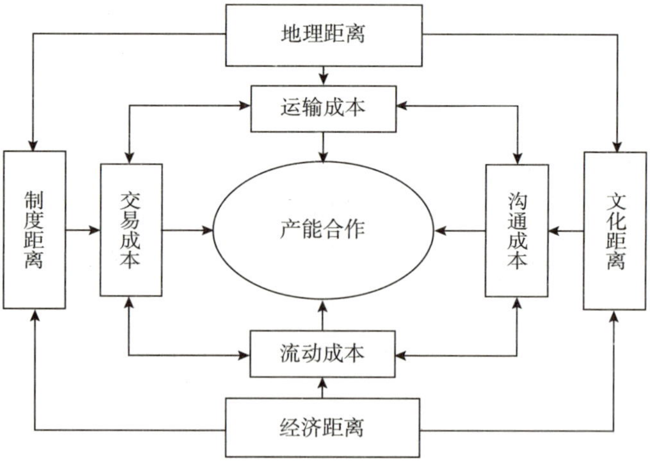

图 3-1　多维动态距离对钢铁产能合作的影响机理

离、制度距离、文化距离和经济距离分别通过运输成本、交易成本、沟通成本和流动成本对国际产能合作产生影响，而其中地理距离和经济距离又同时会对制度距离和文化距离产生一定的影响。在下一章，本书将实证检验多维动态距离对产能合作的影响机理和具体影响效果。

第四节 本章小结

本章以“一带一路”倡议“五通”的核心思想，即政策沟通、设施联通、贸易畅通、资金融通、民心相通为理论依据，提出了构建以地理距离、经济距离、制度距离、文化距离为基础的多维动态距离指标。通过对各维度指标内涵的阐释，本章发现，多维动态距离是通过影响合作成本从而对产能合作产生影响的，即地理距离主要影响运输成本、经济距离主要影响流动成本、制度距离主要影响交易成本、文化距离主要影响沟通成本，它们共同影响合作成本这一影响机理，并绘制了影响机理的分析图。此外，本章还测度了 2000~2016 年中国与沿线国家的多维动态距离指数，为之后实证检验多维动态距离对钢铁产能合作的影响奠定数据基础。

第四章　钢铁产能合作影响因素的实证研究

本章在理论上试图突破传统引力模型中的地理距离概念，领会“一带一路”倡议“五通”的核心思想，创建包含地理距离、经济距离、制度距离和文化距离在内的多维动态距离指标体系，拓展“距离”影响贸易流量的理论和应用体系；在此基础上，结合国内钢铁“去产能”的现实背景，聚焦钢铁这一国际产能合作的重点产业，采用钢铁出口量（而非贸易额）作为被解释变量，尝试性地构建双边贸易引力模型，探索影响中国与沿线国家开展钢铁产能合作的影响因素；进一步利用“一带一路”不同线路所涉及的主要国家样本，建立多维动态距离引力模型进行实证分析，揭示影响钢铁产能双边合作的促进因素和障碍因素。本章接下来的研究安排如下：首先，根据前文对多维动态距离指标体系中的地理距离、经济距离、文化距离和制度距离的测算结果构建多维动态距离系统计量模型，并对回归结果进行检验；其次，对全样本数据进行分线分析，揭示不同线路的影响因素差异；最后，根据实证结果提出有效推进钢铁产业国际产能合作的措施建议。

第一节　引力模型

关于国际贸易、国际合作中的影响因素问题，学者们采用了不同的研究范式，其中，引力模型的引入得到学者们的普遍认可。虽然引力模型的表述形式简单，但能较好地解释某些现实中能观察到的经济问题，所以受到广泛的应用。例如，在贸易潜力测算、贸易集团实施效果、贸易模式分析和贸易壁垒边际成本估计等研究中，贸易引力模型的应用都能起到很好的效果。

引力模型（Gravity Model）最早来源于牛顿万有引力定律提出的“两物体间作用力与质量成正比与距离成反比”。引力模型在国际贸易研究中的应用起始于 1962 年，学者们认为，两国间的贸易流量大小与其各自经济体量成正相关，与两国间的空间距离成负相关。这是由于母国的经济体量在很大程度上反映该国的供给潜能，而东道国的经济体量则能有效地反映其国内的需求潜力，此外，两国间的地理距离能较好地解释双方贸易的运输成本，这一成本在很长一段时间内是构成两国间贸易阻力的重要因素（Tinbergen，1962；Poyhonen，1963）。这之后的研究中心，引力模型的思想被广泛应用于各类区域间或国家间经济活动的研究中，包括研究商品流动或是要素流动，例如，移民流、双边直接投资、证券投资等，都可以采用引力模型对相关数据进行实证分析。引力模型强大的经验有效性和稳定性使其可以应用于各国的海量数据，成为国际贸易领域最重要的基础模型之一。然而，由于引力模型在论述中缺乏理论作为支撑，因此，在 20 世纪 80 年代以前，其一直没有在主流经济学界占到一席之地。直到 1979 年，经济学家 Anderson（1979）开始为引力模型建构理论基础。该模型是基于 Armington 的假设，他认为每一个生产国的产品都是完全分化的，没有两个国家的产品是完全等同的，因而一国的产品在另一国所占的市场份额等于该国产品在世界市场中所占的份额，也即该国的经济总量在世界经济中的份额。此后，Helpman（1987）和 Begstrand（1989）在新贸易理论的框架下建立了一个描述产业内贸易的模型，认为产业内贸易不仅随总收入水平提高而增加，而且随贸易伙伴之间的相似性而增加，东道国与母国的产业结构越相似，相互贸易就越多。1998 年以后，Deardoff（1998）开始考虑供给市场的自然禀赋结构，在 Hecksher-Ohlin 模型的框架下从“无摩擦世界”和“有摩擦世界”两个角度出发，对引力模型进行了推导。接下来，Eaton 和 Kortum（2002）从供给效率的结构出发，基于 Ricardian 模型，假设市场上的国家和企业具有不同技术和生产效率，而这种生产率的异质性将导致它们在国际市场所占份额的不同，进而推导出引力模型。Anderson 和 Wincoop（2003）则从需求结构出发，基于完全分工假设和 CES 需求函数，引入“多边阻力”概念，他们指出双边贸易不仅受两国之间经济变量的影响，同时还受其他国家的相对影响。该模型解释了 McCallum（1995）提出的著名的“边界之谜”，并成为目前引力模型各类经验研究的主流理论基础。从引力模型理论的发展来看，引力模型可以与各种理论框架相调和，只要确定一国出口与其总收入的关系以及其产品在另一国总支出中所占份额，并将两者与价格和贸易成本结合起来，就可以推导出某种形式的引力方程。

然而，无论引力模型的理论形式如何变化，贸易成本始终是各类引力模型中最为核心的变量。各类模型中的贸易成本源于“冰山成本”。“冰山成本”的概念首先是由著名经济学家萨缪尔森提出而后由克鲁格曼进行了修正。这一概念指的是产品在区域间运输会产生“冰山”形式的运输成本，即产品从产地运到消费地，其中，有一部分在途中“融化”了，i 国厂商需装载 τ_{ij} 单位产品才能保证 1 单位产品移送 j 国（$\tau>1$）（Krugman，1980）。在最初的设定中，交易成本仅包括运输成本，由双边距离代理，距离越远，贸易成本越高。后来学者们对贸易成本进行了丰富的扩展，从单纯的运输成本延伸到制度成本、信息成本、监管成本和汇率波动等（丁剑平和刘敏，2016）。在这一理论研究基础上，国内学者在运用引力模型对中国对外贸易进行经验研究时，同时采用了丰富的经济变量来代理贸易成本（行伟波和李善同，2010；祁飞和李慧中，2011；施炳展等，2012；韩金红，2013）。这些变量包括经济自由度、区域性贸易协定、制度安排、关税、汇率变化、边界、双边距离、语言、是否相邻和殖民联系等。

近年来，随着“一带一路”倡议的推进，国内学者开始利用引力模型研究贸易合作中的影响因素问题。张瑞良（2018）就基于制度距离的视角，构建了拓展的投资引力模型，研究制度距离对中国在“一带一路”沿线国家 OFDI 区位选择的影响。吕延方和王冬（2017）构建了包含动态地理距离等指标在内的扩展引力模型从经济规模、地理和文化距离的视角探讨其对中国“一带一路”倡议实施的影响效果。陈岩等（2014）从多元距离的视角研究了中国对外直接投资的决定性因素。卫丁和许臻真（2017）构建扩展的引力模型对中亚五国与中国贸易的影响因素进行了分析。万伦来和高翔（2014）应用贸易引力模型对文化、地理和制度距离对中国进出口贸易的影响效果进行了实证研究。刁莉等（2017）基于中国与丝绸之路经济带沿线国家的贸易互补性和竞争性分析，构建时变随机前沿引力模型，研究了导致贸易非效率的制度性影响因素。

第二节　变量及数据来源

为了保证研究结果的精确可靠，本节所采用的研究数据均通过具有官方认证的渠道获得，研究的数据分别来源于联合国统计委员会商品贸易统计数据库（Comtrade）、英国皇家国际事务研究所数据库（Chatham House）、世界银行数据库（WDI）、Hofstede 文化六维度统计数据以及 CEPII 网站等国内外知名数据库。此外，本书所选样本国家为“一带一路”沿线国家中的 57 个①。

本书选取地理距离、经济距离、制度距离和文化距离这四个维度的距离指标作为模型的核心解释变量。此外，本书参照以往的相关研究文献，选择中国对“一带一路”沿线国家钢铁出口量（千吨）作为被解释变量，沿线国家的国内生产总值、东道国人均 GDP、中国国内人均 GDP 和中国钢铁年总出口量作为模型的控制变量。由于核心解释变量多维动态距离指标的解释说明和测算方法已在上节做了具体诠释，这里就不再赘述，这里仅将被解释变量和控制变量说明如下：

（一）中国与沿线国家钢铁产能合作水平

本书选取中国对“一带一路”沿线国家钢铁出口量（千吨）作为衡量中国与沿线国家产能合作水平的指标。这主要是因为中国与沿线国家的钢铁产能合作还处在起步阶段，目前，中国与沿线国家开展钢铁产业国际产能合作的主要形式还是以钢铁成品出口为主，中国对沿线国家的钢铁出口量能较好地解释与这些国家产能合作的程度。此外，在模型中这一变量采用出口量而非贸易额进行核算能更好地反映中国与沿线国家钢铁产业产能合作的现状，这一选择也更契合本书研究的主旨。

① “一带一路”沿线共有 64 个国家，其中，由于伊拉克和叙利亚两国战争导致部分数据缺失，波黑、不丹、黑山、塞尔维亚和东帝汶则是与中国钢铁贸易规模较小，且存在个别年份的数据缺失，因此，以上 7 国均不纳入研究的范围。

（二）东道国市场规模

在以往的相关文献中，一国的市场规模通常采用经济总量进行衡量。本书延用这一做法采用沿线国家的国内生产总值来衡量该国的市场规模，一国拥有越大的经济总量通常意味着更强的市场活跃度和市场规模，国内生产总值以现价美元进行核算（亿元）。考虑到各国的国内生产总值数值较大，对其进行对数处理以避免异方差的干扰。回归系数为正，说明东道国的市场规模越大，对开展钢铁产能合作越有正向推动作用，反之亦然。

（三）东道国经济环境

一国的经济环境同样对开展国际间经贸合作有着重要的影响，相关研究文献对于东道国经济环境的评价指标有很多，其中，较为常用的是采用东道国人均 GDP 进行衡量。一般而言，一国人均 GDP 的高低代表该国的经济活力和市场潜力以及吸引外商投资的能力。本书采用“一带一路”沿线国家人均 GDP 作为评价该国经济环境的量化指标。在实证研究中同样对其进行对数处理以减少异方差的影响。回归系数为正表明东道国的经济环境越好，越有利于两国开展钢铁产能合作，反之亦然。

（四）中国经济环境

一国的经济环境往往代表着这一国家或地区的经济发展水平，也在一定程度上反映了该国或地区的出口能力，对双边经贸合作有着较为深刻的影响。本书采用中国国内人均 GDP 这一指标作为衡量中国经济发展水平变量并对其进行对数处理。回归系数为正说明中国作为东道国其经济环境越好，越有利于开展钢铁产能合作，反之亦然。

（五）中国钢铁供给能力

一国的相关产业的产品供给能力对国际经贸往来具有重要的影响。中国作为目前世界上钢铁产能第一大国，同时也是钢铁消费量最大的国家。钢铁供给量直接反映中国参与“一带一路”沿线国家开展钢铁产能合作的基础条件。本书采用中国钢铁年总出口量作为衡量中国钢铁供给能力指标，模型中也同样对其进行对数处理。回归系数为正说明中国钢铁供给能力越大，越能有效推动其与沿线国家开展钢铁产能合作，反之亦然。

表 4-1 展示的是模型中被解释变量、核心解释变量和控制变量的各项描述性统计指标和数据来源。

表 4-1　主要变量的详细说明及描述性统计

变量名称	符号	观测值	平均值	最小值	最大值	标准差	数据来源
钢铁出口量	IST	969	3.53	0	114	9.65	Comtrade
地理距离	DIST	969	11.43	0.99	25.29	6.06	CEPPII
经济距离	EDIST	969	3.00	7.85	32.50	4.67	WDI
制度距离	DZ	969	0.52	0.06	4.13	0.37	WGI
文化距离	DC	969	2.82	0.65	6.62	1.37	Hofstede
东道国 GDP	GDP	969	2010	6.24	38800	4910	WDI
中国 GDP	CHNGDP	969	5.33	1.21	11.2	3.61	WDI
中国人均 GDP	CHNGDPP	969	3958.93	959.37	8123.18	2605.72	WDI
中国钢铁产量	CHNPRO	969	5088.16	1285	8227.5	22457.76	钢铁年鉴

第三节　模型构建

一、模型设定

基于前文对于引力模型背景的阐释和相关核心变量的解释，本节将采用拓展引力模型对主要的研究内容进行实证检验。将贸易引力模型的基本形式设定为：$X_{ij}=A\ (Y_iY_j)\ /D_{ij}$。其中，$X_{ij}$ 表示 i 国对 j 国的出口额，A 为常数项，Y_i 表示国家 i 的 GDP，Y_j 表示国家 j 的 GDP，D_{ij} 表示两国之间的距离。借鉴大多数学者的做法，将传统引力模型方程的两端同时取对数①：

$$\ln X_{ij}=\ln C+\alpha_1\ln Y_i+\alpha_2\ln Y_j+\alpha_3\ln D_{ij}+\sum\alpha_kZ_k+\varepsilon_{ij} \tag{4-1}$$

之后，将前文构建的地理距离、经济距离、制度距离和文化距离纳入引力模型，可以得到基于四维动态距离的计量模型如下：

① 对变量做对数处理有两个目的，一是基本上可以克服变量数据的异方差和多重共线性问题，二是便于使用弹性概念进行分析说明。

$$\ln X_{ij}=\ln C+\alpha_1 D_{ist}+\alpha_2 D_e+\alpha_3 D_c+\alpha_4 D_z+\sum \alpha_k Z_k+\varepsilon_{ij} \quad (4-2)$$

其中，LnC 为常数项，D_{ist}、D_e、D_c、D_z 表示地理距离、经济距离、文化距离和制度距离，$\sum a_k Z_k$ 表示除距离因素外影响钢铁出口贸易量的一组控制变量，ε_{ij} 为随机扰动项。

二、估计方法

尽管传统的模型估计方法一般而言均要求误差项成正态分布等已知分布形式，但事实上在真正考虑经济问题时是很难达到这种要求的，所以在考量结果时可能会出现参数估计的有偏性和非一致性的情况。由于传统模型的不足，并结合本书的研究需要，故采用动态面板模型的方法，其中，解释变量包含被解释变量的滞后项，并通过合适的工具变量的选取，有效控制模型的内生性问题。对于动态面板模型，一般采用广义矩阵估计（GMM）来替代普通最小二乘法。一般动态面板模型：

$$y_{it}=\alpha+py_{i,t-1}+x'_{it}\beta+z'_i\delta+\mu_i+\varepsilon_{it}(t=2,\cdots,T) \quad (4-3)$$

其中，Y_{it} 是被解释变量，X_{it} 是外生解释变量，Z_{it} 是不随时间变化的解释变量，是个体效应，ε_{it} 是扰动项。作一阶差分消除个体效应 μ_1：

$$\Delta y_{it}=\rho\Delta y_{i,t-1}+\Delta x'_{it}\beta+\Delta\varepsilon_{it}(t=2,\cdots,T) \quad (4-4)$$

因为 $Y_{i,t-1}$ 和 $\varepsilon_{i,t-1}$ 相关，所以 $\Delta y_{i,t-1}=y_{i,t-1}-y_{i,t-2}$ 和 $\Delta\varepsilon_{i,t-1}=\varepsilon_{i,t-1}-\varepsilon_{i,t-2}$ 仍然相关。所以，$y_{i,t-1}$ 是内生变量，需要寻找更为适合的工具来得到一致性的估计。

（一）差分 GMM

Anderson 和 Hsiao（1981）提出使用 $Y_{i,t-2}$ 作为 $Y_{i,t-1}$ 的工具变量，然后进行 2SLS 估计（Anderson-Hsiao 估计量）。如果$\{\varepsilon_{it}\}$不存在自相关，则 $Y_{i,t-2}$ 与 $\Delta\varepsilon_{i,t}=\varepsilon_{i,t}-\varepsilon_{i,t-1}$ 不相关，并且 $\Delta y_{i,t-2}$ 与 $\Delta y_{i,t-1}=y_{i,t-1}-y_{i,t-2}$ 相关，因此，$y_{i,t-2}$ 是有效的工具变量。同理，更高阶的滞后工具变量$\{y_{i,t-3}, y_{i,t-4}, \cdots\}$也是同样有效的，但 Anderson-Hsiao 估计量没有加以利用，所以并不是最有效率的。Arellano 和 Bond（1991）在进行 GMM 的估计时，使用所有可能的滞后项作为其工具变量，这就是 Arellano-Bond 估计，其后的差分方程估计也称为

“差分 GMM”。

但同样差分 GMM 在做差分时会存在以下四个问题：

（1）如果 x_{it} 不是严格外生，那么虽然 x_{it} 与当期 ε_{it} 不相关，但和 $\varepsilon_{i,t-1}$ 相关，所以差分后的 $\Delta x_{it}=x_{it}-x_{i,t-1}$ 可能与 $\Delta\varepsilon_{i,t}=\varepsilon_{i,t}-\varepsilon_{i,t-1}$ 相关，则此 Δx_i 称为内生变量。

（2）当 T 很大时，工具变量会很多，相关性减弱，造成弱工具变量的情况。

（3）如果不随时间变化的 Z_{it} 被消除了，那么差分 GMM 则无法测量 Z_{it} 的系数。

（4）如果被解释变量的持续性很强，其一阶自回归接近于 1，则 $y_{i,t-2}$ 不再是 $\Delta y_{i,t-1}$ 的有效工具变量。

（二）水平 GMM

Arellano 和 Bover（1995）为了解决以上（3）、（4）的问题，重新考虑差分之前的水平方程，使用$\{\Delta y_{i,t-1}, \Delta y_{i,t-2}, \cdots\}$作为 $y_{i,t-1}$ 的工具变量。显然，$y_{i,t-1}$ 与$\{\Delta y_{i,t-1}, \Delta y_{i,t-2}, \cdots\}$相关，且个体效应 μ_i 和$\{\Delta y_{i,t-1}, \Delta y_{i,t-2}, \cdots\}$不相关。假设$\{\Delta y_{i,t-1}, \Delta y_{i,t-2}, \cdots\}$和扰动项 ε_{it} 不相关，则

$$E(\Delta y_{i,t-s}\varepsilon_{it})=E(y_{i,t-s}\varepsilon_{it})-E(y_{i,t-s-1}\varepsilon_{it})=0,\ s\geqslant 1 \qquad (4-5)$$

满足以上条件，可以使用$\{\Delta y_{i,t-1}, \Delta y_{i,t-2}, \cdots\}$对水平方程进行估计，称为“水平 GMM”。

（三）系统 GMM

将差分 GMM 和水平 GMM 作为一个系统进行估计就是系统 GMM 估计（Blundell & Bond，1998）。系统 GMM 通过将差分滞后项和随机误差项的正交矩条件引入模型中能大大提高估计的效率，同时通过将差分变量滞后项作为工具变量就能很好地估计非时变变量 Z_{it} 的系数。其缺点是必须假定个体效应与 μ_i 和$\{\Delta y_{i,t-1}, \Delta y_{i,t-2}, \cdots\}$不相关。

差分 GMM、水平 GMM、系统 GMM 可以被沿用到更一般的包含多个被解释变量的多阶滞后模型中。因为差分 GMM 的方法使用了较多的工具变量，容易受到弱工具变量的影响，从而导致结果有偏，所以要对模型进行过度识别检验。在差分模型基础上提出的系统广义矩估计因为引入了滞后差分变量作为水平变量的工具变量，所以在满足假设条件即选取工具变量有效的前提下，一般

认为系统 GMM 比差分 GMM 更有效。

虽然本书数据是面板数据，能在一定程度上处理遗漏变量问题，但模型本身的变量之间可能有互为因果关系，存在一定的内生性，需要运用工具变量法解决内生性的问题（Arellano & Bond，1991）。故本书拟采用动态面板数据模型进行实证分析，因为动态面板模型通过控制个体效应能较好地克服变量遗漏偏误以解决反向因果问题，对揭示经济行为中的复杂动态变化特征具有很好的效果（王冬和吕延方，2012）。而选择系统 GMM 模型是因为其不仅融合了差分 GMM 和水平 GMM 方法的优点，还能避免差分 GMM 中出现的工具变量过度识别问题（Blundell & Bond，1998）。所以，本书采用系统 GMM 法进行估计。考虑到以上多方面因素，借鉴 Bond 等（2001）的做法，本书将采用系统 GMM 进行估计。

第四节　实证结果及检验

本书选取“一带一路”沿线 57 个国家 2000~2016 年的面板数据，分析地理距离、经济距离、制度距离、文化距离对中国钢铁产业开展国际产能合作的影响。为了保证变量的稳定性，首先，本书对模型的变量进行单位根检验。在进行数据分析时，为了回归结果的稳定性，分别采用随机效应模型、固定效应模型、差分 GMM 和系统 GMM 来估计。其次，考虑到数据模型和平稳性方面的原因，先取自然对数，然后进行回归分析。

一、单位根检验

由于面板数据是在时间序列的基础上取多个截面，并在这些界面上同时选取多个样本观测值所组成的样本数据，因此，面板数据同时兼具截面和时间序列特征。在时间序列数据回归中，如果用一个非平稳序列对另一个非平稳序列进行回归分析，变量本身即是不稳定的，回归结果就可能出现“伪回归”，此时标准的 T、F 检验就会失效，在进行回归分析前，需要先检验各个变量的稳定性，即单位根检验。

面板数据的单位根检验可分为两类：一是假设各个截面序列具有相同的单位根；二是假设各个截面序列具有不同的单位根。本书沿用张瑞良（2017）的做法，应用 LLC、IPS、Fisher-ADF 和 Fisher-PP 检验面板数据的平稳性，通过比较这四种结果，综合判断数据是否存在单位根。检验结果如表 4-2 所示，除了变量 EDIST 没有通过 IPS 检验以外（通过了 LLC、Fisher-ADF 和 Fisher-PP 检验），其余八个变量均在 1%的显著水平上拒绝原假设。因此，本书认为所有变量均是平稳的。

表 4-2　变量的单位根检验

	LLC	IPS	Fisher-ADF	Fisher-PP
IST	-10.3292*** (0.0000)	-9.8523*** (0.0000)	7.1297*** (0.0000)	22.6732*** (0.0000)
DIST	-3.28082*** (0.0005)	-22.43932*** (0.0000)	26.52912*** (0.0000)	50.75472*** (0.0000)
EDIST	-9.80682*** (0.0000)	0.3383 (0.6324)	4.37752*** (0.0000)	2.41992*** (0.0078)
DZ	-23.6293 (0.0000)	-18.98862*** (0.0000)	4.48122*** (0.0000)	87.78622*** (0.0000)
DC	-25.78322*** (0.0000)	-63.03152*** (0.0000)	170.65782*** (0.0000)	264.57382*** (0.0000)
GDP	-7.86052*** (0.0000)	-2.47232*** (0.0067)	4.79922*** (0.0000)	2.41932*** (0.0078)
CHNGDP	-11.37602*** (0.0000)	-4.62452*** (0.0000)	3.46042*** (0.0003)	42.04892*** (0.0000)
CHNGDPP	-13.23272*** (0.0000)	-13.27162*** (0.0000)	22.98452*** (0.0000)	42.04892*** (0.0000)
CHNPRO	-21.31932*** (0.0000)	-29.62312*** (0.0000)	23.79382*** (0.0000)	61.53002*** (0.0000)

注：*、**、*** 分别表示在 10%、5%、1%的显著水平上显著。括号内为 P 值。

二、模型选择

表 4-3 中给出了面板数据的静态模型随机效应初步结果以及固定效应模型估计结果。通过 Hausman 检验，方程在 1%的水平上都拒绝了 H_0 假设，说明应该采用固定效应模型，数据经过 White 异方差检验认为存在异方差。一般而言，解决内生性通常使用工具变量，但考虑解释变量和被解释变量之间可能存在互为因果关系，需要选取多个工具变量，这大大增加了工具变量之间的互为因果关系的可能，所以本书采用动态面板模型 GMM 估计。数据均通过了 Wald 检验，AR（1）和 AR（2）是对误差项的差分一阶和二阶自相关的检验，其一阶差分相关，二阶不相关接受原假设“误差项不存在自相关”假定。同时 Hansen 过度识别检验也显示，差分 GMM 和系统 GMM 估计在 10%的水平上不能拒绝“所有工具变量都有效”的原假设，所以本书工具变量是有效的，GMM 估计结果是可靠的。为了检验 GMM 的有效性，将滞后一期的因变量估计值与固定效应和随机效应模型估计值进行比较。

表 4-3　多维距离对钢铁产能合作影响的全样本回归结果

变量	静态模型		动态模型	
	RE	FE	差分 GMM	系统 GMM
lnist（-1）			0.4156*** (0.0140)	0.5068*** (0.0120)
lndist	-0.1117 (0.2738)	0.3918 (0.3001)	0.1039* (0.0577)	0.0639* (0.0378)
lnedist	0.0026 (0.0298)	-0.0222* (0.0309)	0.0400*** (0.0079)	0.0656*** (0.0069)
lnDz	-0.1352 (0.1230)	-0.2045 (0.1319)	-0.3075*** (0.0959)	-0.2735*** (0.0745)
lnDc	-1.8048*** (0.3460)	-24.2604*** (5.4926)	1.6374 (9.2463)	-1.8302*** (0.2052)
lngdp	1.2331*** (0.0960)	1.3487*** (0.1999)	1.9866*** (0.1467)	0.7938*** (0.0536)

续表

变量	静态模型		动态模型	
	RE	FE	差分 GMM	系统 GMM
lnchngdp	17.2124 (15.6745)	38.5061** (16.4777)	45.2445*** (3.7547)	25.8665*** (2.5831)
lnchngdpp	-18.5512 (15.9918)	-40.1980** (16.8046)	-47.6777*** (3.8415)	-27.5783*** (2.6162)
lnchnpro	2.6239*** (0.5413)	1.5131*** (0.5772)	0.7730*** (0.0920)	1.5722*** (0.1351)
c	-402.5454 (323.1683)	-819.8134*** (340.1362)	-986.1907*** (90.2435)	-563.5645*** (53.4026)
R^2	0.6859	0.6936		
F 值		255.27		
Hausman 检验	42.72***	42.72***		
AR (1)			0.0001	0.0001
AR (2)			0.4269	0.6681
hansen 检验			0.5185	0.6482

注：*、**、*** 分别表示在 10%、5%、1%的显著水平上显著。括号内为变量系数标准差。

三、实证结果分析

从表 4-3 两步系统 GMM 回归结果中可以看出，本书测算出的多维动态距离对中国与"一带一路"沿线国家钢铁贸易流量影响的系数估计结果。数据显示，本书的关键解释变量地理距离、经济距离、制度距离和文化距离各自对中国与沿线国家的钢铁贸易流量的影响及程度不同。

（一）地理距离

地理距离对钢铁贸易流量影响的估计结果在 10%统计显著性水平上显著（系数 0.0639）且符号为正。这一结果与预期的结果不符，无法论证传统引力模型中地理距离越近，贸易流量最大的假设。同时回归结果还显示，相比于其他三种距离，地理距离的影响程度最弱，在一定程度上也说明随着"一带一路”倡议的推进和基础设施的完善，地理距离这一传统引力模型中的核心解释变量的影响正在逐渐被弱化，地理距离已不再是阻碍国家间钢铁贸易的主要因素。

（二）经济距离

经济距离对钢铁贸易流量影响的估计结果通过1%统计显著性水平检验，系数为0.0656，符号为正。这表明经济距离对中国与沿线国家开展钢铁产能合作具有显著的正向推动作用。“一带一路”沿线国家的经济发展和工业化水平的差距较大，中国已经总体处于工业化的中后期，大多数沿线国家还处在工业化发展阶段的初中期，中国制造业水平普遍高于大多数沿线国家，钢铁作为制造业和基础设施建设的重要原材料，中国对于经济距离较大的国家具有钢铁产能转移的梯度优势。

（三）制度距离

制度距离的回归估计结果同样通过1%统计显著性水平检验，系数为0.2735，但符号为负。该结果说明制度距离是中国开展国际钢铁产能合作的重要障碍因素。制度反映了一个国家的法律、经济和社会体制安排，不同国家在制度环境上的差异形成了制度距离，制度距离不仅增加了国际产能合作中的交易和协调成本，而且还可能形成国际产能合作风险，国际上频繁出现针对中国钢铁的“双反”调查就印证了这一点。

（四）文化距离

回归结果还显示文化距离也成为另一个制约中国钢铁产能合作的重要因素，其估计结果通过1%统计显著性水平检验，系数高达1.8302，符号为负。由于“一带一路”是一项横跨欧亚非三大洲的重大国际合作战略，涉及范围广，包含的国家数量多，其中，还不乏一些种族宗教主义浓厚的国家，文化差异大。文化差距不仅影响国际合作成本，而且还会影响合作方式，这给钢铁产能合作带来了现实难题。

表4-3还显示，中国GDP、东道国GDP、中国人均GDP以及中国钢铁年出口量等控制变量均表现出很高的显著性，估计结果均通过了1%统计显著性水平检验。除了中国人均GDP这一变量为负向影响外，其余三组变量均为正向影响。这表明中国的市场规模、东道国的经济环境和中国钢铁的供给能力对钢铁贸易流量有显著的促进作用，推动了中国与沿线国家开展钢铁产能合作，

这也符合本书对回归方程结果的预期，验证了控制变量选择的正确性。中国人均 GDP 这一控制变量对开展钢铁产能合作产生阻碍作用，主要是由于中国已进入工业化中后期，对于钢铁的边际需求正在下降，随着中国经济不断发展和城镇化水平不断提高，对钢铁产品的需求还会逐步下降。

四、进一步分线分析

上述针对全样本回归的分析结果表明，本书的核心解释变量和控制变量均对中国与沿线国家钢铁贸易流量产生显著的影响。考虑到沿线国家的数量众多且差异较大，本书根据“一带一路”的线路区位特征，将沿线国家样本分为南线样本、中线样本和北线样本三条典型线路作进一步的分线分析①。基于前文的计量方程，采用两步系统 GMM 的方法，得到回归结果见表 4-4。数据结果均通过了 Wald 检验，二阶序列相关 AR（1）和 AR（2）结果也支持误差项不存在自相关假设。

表 4-4 列出了南线样本、中线样本和北线样本的两步系统 GMM 模型回归结果。从南线样本回归结果可以看出，地理距离依然不显著，再次验证了地理距离正在逐渐被弱化这一观点。经济距离和制度距离对中国与南线国家开展钢铁产能合作的影响均不显著，但文化距离通过了 1%统计显著性水平检验，且符号为负，这表明文化距离是制约中国与南线国家开展钢铁产能合作的主要因素。这是因为南线国家是宗教最为复杂的路带，宗教信仰各不相同，文化冲突非常严重，有的国家甚至“土著至上”，土著特权“天经地义”，并已渗入他们国家的肌体之中，以至于个别国家强烈的种族主义在不时地煽动排华情绪，“一带一路”建设遭到某些既得利益者的强烈反对，所以文化距离成为南线国家合作的主要影响因素。

中线样本的回归结果显示，地理距离对钢铁产能合作的影响仍旧仅在

① 南线国家：缅甸、柬埔寨、印度尼西亚、老挝、马来西亚、马尔代夫、尼泊尔、巴基斯坦、菲律宾、越南、泰国、印度、新加坡、孟加拉国、文莱、斯里兰卡。中线国家：巴林、哈萨克斯坦、吉尔吉斯斯坦、塔吉克斯坦、乌兹别克斯坦、约旦、科威特、黎巴嫩、卡塔尔、阿曼、沙特、土耳其、阿联酋、埃及、阿富汗、阿塞拜疆、伊朗、以色列、土库曼斯坦、也门。北线国家：亚美尼亚、保加利亚、克罗地亚、捷克、爱沙尼亚、格鲁吉亚、拉脱维亚、立陶宛、匈牙利、摩尔多瓦、蒙古、俄罗斯、波兰、罗马尼亚、斯洛伐克、斯洛文尼亚、乌克兰、马其顿、阿尔巴尼亚、白俄罗斯、德国。

10%显著水平上显著，与全样本的回归结果一致。文化距离和制度距离在10%显著水平上并不显著，表明这两种距离不是影响中国与中线国家钢铁产能合作的主要因素。经济距离则在1%显著水平上显著，符号为负，该结果与全样本的回归结果正好相反，也与本书的预期结果相反。这可以从中线国家的经济社会特征得到解释：一方面，中线是中东资源型国家，一般它们资源丰富，但科技水平落后，有钱但不发达，这种经济技术结构使那些经济实力越强的国家即与中国经济距离越小的国家，越有可能与中国进行钢铁产能合作。另一方面，中线的某些中东国家，却是当今世界最不安定的地区，“资源惹的祸”使它们长期陷于战乱或内部动荡，这些因战乱或内部动荡变得越穷的国家即与中国经济距离越大的国家，越难以与中国进行钢铁产能合作。

表 4-4　多维距离对钢铁产能合作影响的分线 SYS-GMM 回归结果

变量	南线样本	中线样本	北线样本
	Two-step 系统 GMM	Two-step 系统 GMM	Two-step 系统 GMM
lnist（-1）	0.4090*** （0.0681）	0.3698*** （0.0516）	0.2579*** （0.0835）
lndist	0.3081 （0.2363）	0.6748* （0.3911）	-0.0492 （0.1804）
lnedist	0.0168 （0.0482）	-0.1239*** （0.0368）	0.1275*** （0.0288）
lnDz	0.2386 （0.3018）	-1.5247 （1.1363）	-1.4435*** （0.5172）
lnDc	-1.0410*** （0.3878）	-1.7652 （5.0091）	-88.6430 （148）
lngdp	0.7318*** （0.1679）	0.2313 （1.1720）	0.7318* （0.4358）
lnchngdp	76.7764*** （12.9361）	35.0068*** （9.4493）	-16.8985 （10.2824）
lnchndgpp	-78.9952*** （13.2506）	-36.6049*** （9.9225）	15.9204 （10.3105）
lnchnpro	-0.2628 （0.6003）	1.3967*** （0.5510）	3.2493*** （0.6362）

续表

变量	南线样本	中线样本	北线样本
	Two-step 系统 GMM	Two-step 系统 GMM	Two-step 系统 GMM
c	-1604.35*** (267.2515)	-745.0549*** (201.3524)	409.9488 (351.6923)
Wald 检验	1052.47	3783.18	8632.28
AR（1）	0.0101	0.0623	0.0338
AR（2）	0.2462	0.7021	0.6456
Sargan 检验	1.0000	1.0000	1.0000

注：*、**、*** 分别表示在10%、5%、1%的显著水平上显著。括号内为变量系数标准差。

北线样本的回归结果显示，同样地理距离的影响不显著。经济距离在1%的显著水平上显著，表明经济距离对中国与北线国家钢铁产能合作水平有显著的正向影响，这与全样本回归的结果相同。事实上，北线国家经济相对比较发达，一些国家的基础设施建设已经完成，只有那些相对较为落后、与中国经济差距较大的国家才有更多的钢铁产能合作空间。此外，制度距离在1%的显著水平上显著且符号为负，说明制度距离是中国与北线国家开展钢铁产能合作的重要制约因素，事实上在三条线路中，中国与北线国家的制度差异相对最大。文化距离对北线国家而言影响并不显著，表明北线国家的文化比较开放，包容性比较强，不会构成国际产能合作的主要障碍。

第五节　本章小结

本章将多维动态距离指标体系纳入引力模型的分析框架，对多维动态距离对钢铁产业国际产能合作的影响机理进行实证检验。从全样本整体回归结果来看，钢铁产业国际产能合作受地理距离、经济距离、制度距离和文化距离的共同影响。其中，地理距离的影响正在逐渐弱化，说明地理距离已不再是阻碍中国与沿线国家间钢铁产能合作的主要因素；经济距离对于中国与沿线国家开展钢铁产能合作具有显著的正向推动作用，说明中国对这些国家具有钢铁产能转移的梯度优势；制度距离和文化距离对于中国与沿线国家开展钢铁产能合作有显著的负效应，说明制度差异以及文化差异越大越不利于双方合作。从分线回归结果的分析来看，“一带一路”的三条线路中其影响钢铁产能合作的关键因素是不尽相同的，南线国家主要受文化距离的制约，中线国家则更多地受经济距离的阻碍，北线国家则是受经济距离和制度距离的共同影响。分线回归结果同样表明，三条线路上的钢铁产能合作受地理距离的影响均不明显。

本章研究的实证结果很好地验证了多维动态距离对钢铁产业国际产能合作的影响机理，同时为中国进行相关的政策设计提供了重要启示：

第一，在合作机制上，要着力打造利益共同体、命运共同体、责任共同体，通过政策沟通、设施联通、贸易畅通、资金融通、民心相通，改善地理距离、经济距离、制度距离和文化距离，增添合作发展新动力。

第二，在合作模式上，要充分发挥经济距离的正向推动作用，设法降低制度距离和文化距离的反向阻碍作用，根据合作对象与条件进行产能合作模式创新。例如，以绿地投资实现产能转移，将利用中国的“生产优势”转化为利用东道国的“资源优势”；以产能输出取代产品输出，将异地“出口产品”转化为本地“生产产品”；以基础设施援建消化部分产能，将间接“转移产能”转化为直接“消化产能”。同时，要充分考虑制度距离和文化距离的显著负效应，重点防范钢铁产能合作过程中的制度风险和文化风险。

第三，在合作目标国家选择上，南线要重点选择文化相通的国家合作，中线要重点选择经济发展水平较好的国家合作，北线则要重点选择与中国的经济互补性较大、制度包容性较强的国家合作。

第五章　钢铁产能合作的潜力研究

基于第四章对多维动态距离影响的实证分析结果，本章将多维动态距离作为影响产能合作的因素纳入随机前沿引力模型的分析框架，对中国与“一带一路”沿线国家开展钢铁产能合作潜力进行研究。本章研究的基本思路如下：首先，对随机前沿引力模型研究钢铁产能合作潜力的适用性进行理论分析；其次，将多维动态距离作为随机前沿引力模型的非效率项构建测度钢铁产能合作潜力的计量模型，并对模型进行检验；最后，测度中国与“一带一路”沿线国家的钢铁产能合作效率和潜力，并进一步分线测度“一带一路”南线、中线、北线国家的合作效率和合作潜力，并对影响效率和潜力的因素进行分析。

第一节　模型的引入与设定

一、随机前沿引力模型引入

（一）随机前沿引力模型引入背景

产能合作潜力是指由于合作阻力存在而无法实现跨国或跨区域配置的产能，产能合作潜力定量分析遇到的第一个难点问题是测度指标选取问题。一般来说，国际产能合作通常有两个渠道，一个渠道是通过产品输出即出口贸易的方式进行产能位移，另一个渠道是通过产业转移即国外直接投资建厂的方式进行产能位移。由于现阶段中国与沿线国家产能合作形式主要以出口贸易为主，现有文献在测算产能合作潜力时一般采用由于贸易阻力存在而无法实现的贸易值作为指标来衡量，即以未实现的贸易潜力作为产能合作潜力的替代指标。产能合作潜力定量分析中遇到的第二个难点问题是测度方法问题，“一带一路”倡议提出以后，有学者尝试运用传统引力模型来估计沿线国家间的贸易潜力，他们通常以中国作为东道国研究其与东盟、欧盟、中亚、北美等区域国家间在农产品、水果、金属制品等领域的贸易潜力，采用贸易流量作为被解释变量构建多因素的扩展引力模型进行估算。然而引力模型在实际应用中还存在明显缺陷，首先引力模型的最初构建者将距离视为贸易中的全部阻力因素，这一设定要求将两国贸易认定为完全无摩擦或是用冰山成本代替贸易中的所有成本，但这些条件过于苛刻且与现实相去甚远。可见，虽然引力模型在国际贸易的研究中具有较高的拟合度，但是将未被识别的贸易阻力放入残差项会带来不可避免的技术和经济现实问题。

为了克服这一明显不足，人们开始改进传统引力模型构建随机前沿引力模型。随机前沿引力模型就是基于经济效率的视角，通过“前沿面”分析最优贸易水平，它有别于传统引力模型中以模拟“理想值”为最优水平的研究，能有效解决传统引力模型估计是由各种影响贸易因素的平均值决定而引起的估计上的偏差问题，具有更高的精确性。在实证研究方面，学者们也开始逐渐采用随机前沿引力模型对中国国内以及世界各国间的贸易潜力和贸易效率展开研究。谭秀杰和周茂荣（2015）采用随机前沿引力模型分析了“海上丝绸之路”主要沿线国家的贸易潜力，并采用一步法分析了影响因素。龚静和尹忠明（2016）构建异质性随机前沿模型分析了铁路建设对各个省市贸易非效率部分的影响，进而测算其相应的出口贸易效率。王瑞和温怀德（2016）利用随机前沿引力模型研究了中国对沿线国家出口贸易潜力及其影响因素。王亮和吴浜源（2016）从“自然贸易伙伴”假说出发，分析丝绸之路经济带沿线国家的经济发展基本情况以及中国与这些国家的贸易密集度和互补性，并建立随机前沿引力模型估计丝绸之路经济带的贸易潜力、贸易非效率程度及其影响因素。总体而言，随机前沿引力模型在研究国际贸易潜力和效率领域受到了国内外学者的广泛采用。

（二）随机前沿引力模型内涵

1997 年之前，学术界对于引力模型的讨论主要源自它薄弱的理论基础。

最初尝试提出构建引力模型理论基础的学者是 Anderson（1979），他提出了引力模型的一般形式并认定距离是贸易中的全部阻力因素。在此之后，Bergstrand（1985）在一般均衡分析框架下建立一个局部均衡子系统并将价格设定为内生，他认为两国之间的贸易流量是世界贸易总流量的函数。然而，上述的一系列研究基于的理论都有前提条件，就是将其两国贸易设定为完全无摩擦或是用冰山成本代替贸易中的一切成本，这些假设条件都过于苛刻且与现实相去甚远。引力模型在国际贸易的研究中具有较高的拟合度是因为把未被识别的贸易阻力放入残差项将会面临一系列的技术和现实问题。在这样一个背景下，如何设定“前沿水平”下的估计模型开始被学术界逐渐关注。

随机前沿分析源于运筹学，其在经济学中的应用经过了五个阶段：第一阶段，Koopmans（1951）基于两个维度——投入导向和产出导向提出技术效率的定义；第二阶段，Farrell（1957）首次提出技术效率的前沿测定方法；第三阶段，Meeusen 等（1977）首次选取生产层面的面板数据，结合随机前沿方法，提出随机前沿生产函数；第四阶段，在随机前沿生产函数研究中探讨技术无效率的存在；第五阶段，Battese 和 Coelli（1992）注意到样本技术效率时间变化问题，运用时变衰减模型解决这一漏洞，进一步估计了每个样本的时变技术效率。随机前沿分析在贸易引力模型中的应用是为了克服传统引力模型的假设过于苛刻等问题，传统模型的估算结果是条件期望值，且将实际存在的影响双边或单边贸易的因素简单地归于残差项，导致贸易潜力估计值的偏差。

本书尝试将随机前沿的思想带入引力模型中，以解决某些长期困扰引力模型的问题。在传统引力模型中，那些不可观测、难以量化、制定度性的以及其他限制双边贸易的因素都会被归为模型的残差项，Drysdale 和 Garnaut（1982）认为，这种方法是含糊的，那些不可测量的因素会使对“贸易潜力”的估计出现不可避免的偏差。在传统的引力模型框架内，这一问题始终没有得到妥善的解决。但是在随机前沿引力模型中，这些因素成为一种限制贸易的因素被单独处理。将随机前沿方法引入引力模型面临的首要问题就是保证那些限制贸易的因素都被非效率项所吸收。传统的引力模型的一个强假设是所有不可观测因素的均值为零，而在随机前沿引力模型中，那些不可观测的因素被认为是限制贸易的，因此，与其他变量存在负相关关系。政策性变量以及其他旨在促进贸易的措施，例如，区域性的自由贸易安排（RTAs）等都被认为是可以抵消这些贸易限制性因素的。在此设定下，贸易潜力有了新的含义。它被认为是能够获得的最大可能的贸易值，而不是传统方法下的贸易平均值。可以认为此时的贸易潜力是在“前沿”获得的，类似于生产函数中的生产前沿。此时可以认定贸易是无摩擦的或是纯粹自由贸易下的情况。

基于随机前沿引力方程，本书引入三个相关概念：贸易效率、贸易潜力和合作空间。贸易效率的构建类似于对随机前沿生产函数估计中的生产非效率项，通过半正态的非效率项和随机误差项构建。贸易潜力是当不存在阻力时的理想贸易值，即贸易在“前沿”上运行时的最大规模；贸易效率测度了贸易潜力和真实贸易值之间的差距，是两者之间的比值（Coelli，1996；Kumbhakar & lovell，2003）。以上概念的关系可以用如下公式表示：贸易效率=真实贸易值/贸易潜力；合作空间=贸易潜力-实际贸易值。接下来，本书将会对随机前沿引力模型的一般形式和设定做进一步的解析。

二、随机前沿引力模型一般形式

基于传统引力模型的设定，随机前沿引力模型的一般形式如式（5-1）所示：

$$T_{ijt}^{*}=f(x_{ijt}\beta) \tag{5-1}$$

其中，x_{ijt} 表示影响双边贸易规模的非人为因素，例如国家间距离、两国语言差异、两国边界、经济发展情况等；β 为待估参数向量；T_{ijt}^{*} 表示在理想状况下，i 国和 j 国在 t 时期能达到的最优贸易规模。然而，在通常状况下，两国间的贸易存在一定的阻力，则未达到最优状态的实际贸易量如公式（5-2）所示：

$$T_{ijt}=f(x_{ijt}\beta)\exp(-u_{it}) \qquad u_{it}\geqslant 0 \tag{5-2}$$

其中，exp（$-u_{it}$）表示 i 国的贸易效率参数，U_{it} 表示贸易非效率项，它表示贸易效率参数的大小。当 u_{it} 为 0 时，贸易国双方具有最优的贸易效率；当 u_{it} 大于 0 时，则表示两国存在贸易阻力，贸易效率非最优。此外，为了充分考虑随机误差和随机外部冲击，实际贸易水平由公式（5-3）定义：

$$T_{ijt}=f(x_{ijt}\beta)\exp(v_{it}-u_{it}) \tag{5-3}$$

$$\ln T_{ijt}=\ln f(x_{ijt}\beta)+v_{it}-u_{it} \tag{5-4}$$

上述公式表示的就是参数随机前沿引力模型的基本方程形式：v_{it} 表示随机误差项，u_{it} 表示贸易非效率项。其中，$v_{it} \sim iidN(0, \sigma_v^2)$，$u_{it} \geq 0$，$COV(v_{it}, u_{it}) = 0$，u 的分布形式一般为对数分布、半正态分布、Gamma 分布等。在一般的设定下，u 被认为服从半正态分布（Kang & Fratianni，2006），所以样本的平均贸易效率如式（5-5）所示：

$$E[\exp(-u_{it})] = 2[1-\varphi(\sigma\gamma^{1/2})]\exp(\gamma\sigma^2/2) \quad (5-5)$$

其中，$\sigma^2 = \sigma_v^2 + \sigma_u^2$，变差参数 $\gamma = \sigma_u^2/\sigma^2$，φ 是累积的标准正态分布。各样本的贸易效率可以表示为公式（5-6）：

$$TE_{it} = \{1-[\varphi(\sigma_A+\gamma\varepsilon_{it}/\sigma_A)/(1-\varphi(\gamma\varepsilon_{it}/\sigma_A)]\} \quad (5-6)$$

$$\varepsilon_{it} = \ln T_{ijt} - \ln f(x_{ijt}\hat{\beta}) \quad \sigma_A = (\gamma(1-\gamma)\sigma^2)^{1/2} \quad (5-7)$$

本书设定的贸易效率为：

$$TE_{ijt} = T_{ijt}/T_{ijt}^* \quad (5-8)$$

三、随机前沿引力模型的设定

（一）模型设定

在贸易前沿的估计中，我们通常只使用一些关键变量，这些变量一般在一定时期内不发生变化，例如，传统引力模型中的经济规模和距离变量（Amstrong，2007）。本书将这些相对固定的非人为因素称为贸易的自然决定因素，同时，将那些在短期内易变的人为因素则纳入模型的非效率项中进行分析。例如，式（5-9）所示，T_{ij} 表示两国的贸易流量，$resistance_{ij}$ 表示影响贸易的因素，$h(natural_{ij})$ 和 $g(manmade_{ijt})$ 则分别表示贸易阻力中的自然因素和人为因素：

$$T_{ij} = f(resistance_{ij}) = f(natural_{ij}, manmade_{ij}) = h(natural_{ij})g(manmade_{ij}) \quad (5-9)$$

上式还可以进一步分解为：

$$h(natural_{ij}) = D_{ij}\exp(BOR_{ij}, LANG_{ij}, \cdots) \quad (5-10)$$

$$g(manmade_{ijt}) = g(Edist_{ijt}, Cdist_{ijt}, Zdist_{ijt}, \cdots) \quad (5-11)$$

自然因素包括地理距离（D）、两国是否有共同边界（BOR）、两国是否有共同语言（LANG）等；人为因素则包括经济距离（Edist）、文化距离（Cdist）、制度距离（Zdist）等。所以，贸易中的所有阻力因素都可以通过引力方程公式（5-12）表示：

$$\begin{aligned} \ln T_{ijt} &= \ln h(natural) + \ln g(manmande) \\ &= \alpha_1 \ln Dist_{ij} + \alpha_2 BOR_{ij} + \alpha_3 LANG_{ij} + \ln g(manmade) \end{aligned} \qquad (5-12)$$

在随机前沿引力模型的方程表达式中，通常仅考虑自然的贸易阻力，而将认为的贸易阻力作为贸易的非效率项（TE）加以考虑且 TE 为非负，对这一部分贸易阻力的影响因素会在第二阶段进行估计，所以，一个标准的随机前沿引力模型的表达式如下所示：

$$\ln T_{ijt} = \beta_0 + \beta_1 \ln y_{it} + \beta_2 \ln y_{jt} + \beta_h \ln h(natural) + \varepsilon_{ijt} - u_{ijt} \qquad (5-13)$$

$$u_{ij} = \lambda(manmade_{ij}) \geqslant 0 \qquad (5-14)$$

ε_{ijt} 是传统的零均值随机扰动项，u_{ij} 为非负，一般假定其服从半正态、指数正态或重合正态分布。

基于本书的研究目的，我们采用随机前沿方法来估计引力模型方程，相比于 OLS 方法，随机前沿估计能有效描述双边贸易规模，控制贸易非效率的估计偏误。这就表示，在采用参数随机前沿估计生产函数时必须选择合适的引力方程形式，所以在进行实证分析前，本书有必要采用似然比检验对随机前沿引力方程的最终形式进行确认。

（二）核心变量说明

本书沿用 Amstrong（2007）的分类方法，采用贸易中的自然因素作为模型的解释变量。此外，本书在第四章中已实证了经济距离、制度距离、文化距离对产能合作的影响，故将其纳入贸易非效率模型中的人为因素解释变量。值得注意的是，本书选用人均 GDP 而非人口变量作为模型的关键变量，是因为人均 GDP 指标不仅能解释人口规模，还能反映一些其他的贸易关键因素，如经济发展水平、要素禀赋等。相比于人口变量，人均 GDP 包含的信息量更为全面（Bergstrand，1989）。

基于上述分析并结合引力模型的一般形式同时基于多维动态距离的视角，本书选用中国对“一带一路”沿线各个国家的钢铁出口量作为模型的被解释变量，而选取的影响贸易合作的解释变量则如表 5-1 所示。

表 5-1 随机前沿引力模型中解释变量的类型、含义及理论说明

变量	类型	含义	理论说明
Y_{it} 与 Y_{jt}	解释变量	i 国与 j 名义国内生产总值	反映一国或地区的供给能力/需求能力，经济规模总量越大，潜在的供给/需求能力越大
$PGDP_{it}$	解释变量	i 国人均 GDP	反映东道国经济发展水平，水平越高意味着东道国经济活力强，市场潜力大。回归系数为正则表明东道国经济发展水平越高，越有利于开展产能合作
$PGDP_{jt}$	解释变量	j 国人均 GDP	反映母国的经济发展水平，水平越高意味着有更高的生产水平和更丰富的产品。回归系数为正则表明母国的经济发展水平越高，越有利于开展产能合作
D_{ij}	解释变量	i 国与 j 国首都之间的直线距离	反映两国的运输成本，地理距离越大意味着两国的运输成本越高。回归系数为正说明地理距离越远，越有利于开展钢铁产能合作，反之亦然
$LANG_{ij}$	解释变量	i 国与 j 国是否拥有共同语言	如果两国拥有共同语言意味着两国的文化更接近，沟通成本更低。回归系数为正说明两国拥有共同语言，对开展钢铁产能合作有正向推动作用
BOR_{ij}	解释变量	i 国与 j 国是否拥有共同边界	如果两国拥有共同边境意味着两国拥有更多的共同利益。回归系数为正说明两国拥有共同边界，对开展钢铁产能合作有正向推动作用
$Edist_{ijt}$	非效率影响因素	i 国与 j 国的经济距离	反映两国之间的经济水平差距。经济距离越大表明两国经济发展水平差距越大
$Cdist_{ijt}$	非效率影响因素	i 国与 j 国的文化距离	反映两国之间的文化差异。文化距离越大表明两国在文化、宗教等领域的认知差异越大
$Zdist_{ijt}$	非效率影响因素	i 国与 j 国的制度距离	反映两国的制度水平差距。制度距离越大表明两国的制度水平差距越大

（三）样本、数据来源及说明

为了保证研究结果的真实性，本书在样本、数据可获取且准确的前提下尽可能地选取多的研究样本和更长的时间维度：

在选取样本方面，本书选取“一带一路”沿线 57 个国家 2000~2016 年的数据作为研究样本，共有 969 个观测值。在二阶段的研究中，本书按照“一带一路”倡议提出的三条线路划分，南线国家 16 个，中线国家 20 个，北线国家 21 个。

在数据来源方面，钢铁出口数据来源于联合国统计委员会的商品贸易统计（Comtrade）数据库、英国皇家国际事务研究所（Chatham House）数据库。人均 GDP 来源于世界银行发布的世界发展指标（World Development Indicators，WDI），以现价美元计算。地理距离变量、边界虚拟变量及语言虚拟变量均来源于 CEPII 数据库。经济距离、文化距离、制度距离变量的计算已在第三章详细介绍，本章就不再赘述。

第二节　模型选择与有效性检验

一、时变随机前沿引力模型

随机前沿方法高度依赖于模型的函数形式，应使用极大似然比原理检验对模型的适用性和形式进行验证及 μ_{ijt} 是否存在。其一，如果 $\mu_{ijt}=0$，即非效率项不存在，则可直接使用最小二乘法进行回归，即与传统引力模型的方法相一致；如果非效率项存在，则用随机前沿引力模型进行实证分析。其二，如果存在非效率项的基础上，对贸易非效率项的时变性进行检验。具体的检验方法是，分别基于原假设 H_0：$\gamma=\mu=\eta=0$ 和原假设 H_0：$\eta=0$，分无约束和有约束两种情况，通过 LR 统计量的值和 χ^2 分布的临界值（1%显著水平下）的比较，得出拒绝或接受原假设的结论。其中 γ 的表达式为：

$$\gamma=\sigma_{\mu}^{2}/(\sigma_{v}^{2}+\sigma_{\mu}^{2}) \tag{5-15}$$

如果 γ 接近于 0，说明两国实际贸易量和潜在贸易量的差距主要来自于不可控的随机因素；如果 $\gamma=0$，则模型可直接用最小二乘法进行估计；如果 γ 趋近于 1，则可将两国贸易量未达到前沿贸易水平的原因归结于贸易非效率因素。

在随机误差项 ε_{ijt} 服从 0 均值正态分布的前提下，考虑已经设定的函数形式，本书设定五个检验：贸易非效率项 μ_{ijt} 的存在性检验；贸易非效率项 μ_{ijt} 的时变性检验；是否引入人均收入变量 $PGDP_{it}$ 的检验；是否引入边界变量

BOR_{ij} 的检验；是否引入语言变量 $LANG_{it}$ 的检验。检验结果如表 5-2 所示，首先，该结果验证随机前沿引力模型用以研究贸易潜力的适用性；其次，中国对“一带一路”沿线国家的出口贸易效率在 2000~2016 年确实存在变化，使用时变的分析法要优于非时变的方法。除此之外，东道国的人均 GDP 确实是中国对其出口量的重要影响因素，因而在模型中引入东道国人均 GDP 是合适的；东道国是否与中国存在共同边界是影响中国对其出口的重要因素，所以，在模型中引入边界变量也是合适的；东道国是否与中国拥有共同语言同样是重要的影响因素，故在模型中引入语言变量亦是合适的。

表 5-2　时变随机前沿引力模型假设检验结果

原假设	约束模型对数似然值	非约束模型对数似然值	LR 统计量	1%临界值	检验结论
不存在贸易非效率项	-2021. 2912	-1589. 0810	864. 4204	9. 21	拒绝
贸易非效率非时变	-1976. 9685	-1687. 2769	579. 3831	9. 21	拒绝
不引入人均收入变量	-1989. 1297	-1578. 8437	820. 5720	6. 635	拒绝
不引入边界变量	-1976. 9984	-1574. 2300	805. 5367	11. 345	拒绝
不引入语言变量	-1991. 2599	-1575. 6127	831. 2943	11. 345	拒绝

二、时变随机前沿引力模型估计结果分析

根据似然比检验的结果，本书确定随机前沿引力模型的最终形式，而后采用 Frontier4. 1 软件对模型进行估计。为了保证结果的正确性和稳定性，本书对比了时变和时不变模型的估计结果，如表 5-3 所示。估计结果显示，待估参数 η 在 1%水平上显著，这表明贸易非效率项随时间变化，参数 η 的系数为正，表明中国对沿线国家钢铁贸易效率正在逐渐上升。所以本书最终采用时变模型进行研究分析。

表 5-3 时变模型和时不变模型的回归结果

估计模型	面板随机前沿引力模型（SFA）			
	时不变模型（TI）		时变模型（TVD）	
变量	系数	t 值	系数	t 值
常数	-1009.8401***	-1010.1507	-50.8262	-0.2839
Y_{it}	1.1377	1.4267	0.8812***	17.0502
Y_{jt}	47.5690***	70.1242	2.2829	0.2651
$PGDP_{it}$	-0.1055	-0.1078	-0.2865***	-4.0214
$PGDP_{jt}$	47.9151***	50.5128	-2.5812	-0.2912
D_{ij}	-0.1511	-0.1938	-0.1442**	-2.1854
BOR_{ij}	0.4455	0.4458	0.0009	0.0045
$LANG_{ij}$	2.5134**	2.5134	1.4018***	3.3929
σ^2	7.2721***	7.2732	2.3842***	6.8590
γ	0.7520	1.1126	0.4786***	6.1241
η			0.1147***	18.3869
对数似然值	-1731.6684		-1589.0810	
LR 检验值	579.2456		864.4204	

注：*、**、*** 分别表示在 10%、5%、1%的显著水平上显著。

此外，从解释变量的估计结果来看，东道国的国内生产总值 Y_i 在 1%的显著水平上显著，且符号为正，符合理论预期。这表明沿线国家经济规模越大，对中国钢铁的需求也越大。东道国人均国内生产总值 $PGDP_{it}$ 同样表现出非常显著的正估计弹性，这也说明东道国自身的经济发展水平和经济环境对中国与之开展钢铁产能合作有很大的推动作用。与之相反的是，中国的国内生产总值 Y_j 和人均国内生产总值 $PGDP_{jt}$ 对钢铁产能合作的影响并不显著，这一结果主要是因为进入 21 世纪以来，中国钢铁生产和出口长期位列世界第一，钢铁产能始终处在过剩的状态，这一现状并未随中国经济高速增长而改变。值得注意的是，地理距离变量 D_{ij} 仅在 5%的显著水平上显著，显著性不如其他变量，这也再一次验证了随着科技水平的不断进步，国际贸易中的自然因素影响正在被削弱，地理距离这一“硬距离”指标在国际合作中的作用同样也正在逐渐下降。边界变量 BOR_{ij} 在模型估计中不显著也再一次说明国与国的毗邻关系对国际合作的影响越来越小。此外，语言变量 $LANG_{ij}$ 具有显著的正估计弹性，在 1%的显著水平上显著。这说明文化与沟通成本在国际合作中的作用正在逐渐凸显。

值得注意的是，变量 η 的大小表示贸易潜力未能实现部分是由贸易非效率造成的比例，而这个数值在时变和非时变两个估计模型中分别是 75.20%和 47.86%，这就表明本书研究贸易非效率的影响因素对于提高贸易潜力是十分必要的。

三、钢铁产能合作非效率模型

（一）钢铁产能合作非效率模型的适用性检验

由前文的分析可知，随机前沿引力模型方程的设定对模型估计结果的真实性有很大影响，所以在实证研究之前应采用似然比检验对贸易非效率模型设定的准确性进行判断。由式（5-11）和式（5-14）可知，本书的非效率项为贸易中的人为因素（经济距离、制度距离、文化距离），其假设检验依次分别为贸易非效率的存在性、是否引入经济距离变量、是否引入制度距离变量、是否引入文化距离变量。检验结果如表 5-4 所示。

表 5-4　钢铁产能合作非效率模型设定假设的检验结果

原假设	约束模型对数似然值	非约束模型对数似然值	LR 统计量	1%临界值	检验结论
不存在贸易非效率项	-2464.2381	-1685.5013	1557.4736	6.635	拒绝
不引入经济距离变量	-2467.0593	-1686.4063	1561.3060	6.635	拒绝
不引入制度距离变量	-2467.7479	-1685.7950	1563.9058	11.345	拒绝
不引入文化距离变量	-2476.8995	-1688.7393	1576.3205	11.345	拒绝

由表 5-4 的检验结果可以得出以下结论：不存在合作非效率项的假设被拒绝，说明在合作非效率模型中随机前沿分析方法是较为合适的；变量选择的似然比检验结果显示经济距离、制度距离和文化距离都拒绝原假设，这表明这三个变量均不该被剔除。这也再一次验证了第四章中多维动态距离对钢铁产能

合作影响的实证结果。

基于上述对影响钢铁产能合作非效率的变量所进行的假设检验，将钢铁产能合作非效率模型的设定如下：

$$T_{ijt}=\alpha_0+\alpha_1 Y_{it}+\alpha_2 lnY_{jt}+\alpha_3 lnPGDP_{it}+\alpha_4 lnPGDP_{jt}+\alpha_5 lnD_{ij}+\alpha_6 BOR_{ij}+\alpha_7 LANG_{ij}+\alpha_8 Edist_{ijt}+\alpha_9 Cdist_{ijt}+\alpha_{10} Zdist_{ijt}+\varepsilon_{ijt}-u_{ijt} \quad (5-16)$$

（二）钢铁产能合作非效率模型的估计结果分析

本书使用 Frointier4. 1 软件，并采用“一步法”对包含不同变量的模型进行估计从而得到极大似然估计结果。本书设定：模型 1 表示剔除了解释变量经济距离 Edist 的模型；模型 2 表示剔除了解释变量文化距离 Cdist 的模型；模型 3 表示剔除了解释变量 Zdist 的模型以外；模型 4 则表示包含全部解释变量的模型。这样的设定一方面用以检验模型的稳定性，另一方面则为了进一步验证似然比检验的结果。表 5-5 列出了各模型的回归结果。

表 5-5　钢铁产能合作非效率模型的回归结果

变量	模型 1	模型 2	模型 3	模型 4
常数	-128. 1662 (-0. 7151)	-95. 6699 (-0. 5141)	-126. 7897 (-0. 7079)	-147. 7822 (-0. 8107)
Y_{it}	0. 9021*** (18. 1368)	0. 8808*** (17. 8766)	0. 9002*** (18. 6514)	0. 9007*** (18. 3130)
Y_{jt}	5. 9595 (0. 6912)	4. 4618 (0. 4985)	5. 9055 (0. 6854)	6. 9191 (0. 7892)
$PGDP_{it}$	-0. 2123*** (-2. 9042)	-0. 3151*** (4. 6772)	-0. 2154*** (-2. 989)	-0. 2273*** (-3. 2086)
$PGDP_{jt}$	-6. 3449 (-0. 7149)	-4. 8617 (-0. 5282)	-6. 2844 (-0. 7085)	-7. 3451 (-0. 8143)
D_{ij}	-0. 1175* (-1. 8172)	-0. 1427** (-2. 1989)	-0. 1209* (-1. 9325)	-0. 1194* (-1. 8528)
BOR_{ij}	-0. 3122 (-1. 4989)	-0. 0621 (0. 2881)	-0. 2137 (-0. 9897)	-0. 2182 (-1. 0289)
$LANG_{ij}$	0. 7859* (1. 7943)	1. 2009** (2. 9728)	0. 9585** (2. 2313)	0. 8166** (1. 9674)

续表

变量	模型 1	模型 2	模型 3	模型 4
$Edist_{ijt}$		-0.0339 (-1.4622)	-0.0363 (-1.5445)	-0.0371 * (-1.6449)
$Cdist_{ijt}$	-0.2973 *** (-4.7715)		-0.3159 *** (-5.2113)	-0.2991 *** (-4.8214)
$Zdist_{ijt}$	-0.2429 (1.5984)	-0.3463 ** (2.2674)		-0.2474 * (1.6753)
σ^2	2.0415 *** (7.9366)	2.2529 *** (7.2117)	2.0384 *** (8.4274)	1.9999 *** (8.1863)
γ	0.4046 *** (5.2493)	0.4521 *** (5.8230)	0.4022 *** (5.5378)	0.3929 *** (5.2611)
η	0.1218 *** (18.1291)	0.1191 *** (19.2045)	0.1206 *** (19.6688)	0.1229 *** (18.8309)
对数似然值	-1574.9162	-1585.5861	-1575.0624	-1573.7040
观测值	969	969	969	969

注：*、**、*** 分别表示在 10%、5%、1%的显著水平上显著。括号内为 t 值。

由表 5-5 可以得出，用“一步法”对四个钢铁产能合作非效率模型进行回归所得的结果中，每个模型的解释变量符号均一致，这表明该模型具有很好的稳定性。此外，从各变量的显著水平看，与其他三个模型相比，模型 4 中各个核心解释变量均表现出很好的显著性，其回归分析的结果较为理想，这也验证了前文假设检验中，三个非效率变量不能剔除的结论。从上述结果来看，式（5-16）的变量选择和方程设定是正确且合理的。

具体而言，从模型 4 的回归结果来看，整体而言，参数 σ^2、γ、η 均通过了 1%显著水平下的显著性检验。从各解释变量的回归结果来看，传统引力模型中的关键解释变量，东道国国民生产总值表现出显著的正向作用，在 1%显著水平下显著；而另一关键解释变量地理距离表现出负向的作用，且仅在 10%的显著水平下显著。两个变量的符号均符合本书的理论预期，且地理距离在国际合作中的影响正在逐渐减弱的结论也再一次被验证。值得注意的是，模型 4 中的非效率解释变量经济距离、文化距离和制度距离的符号均为负，其中，经济距离通过显著水平1%的显著性检验，经济和制度距离均在10%的显著水平上显著，这一结果既符合本书的理论预期与设定，同时也再一次验证了第四章实证结果中多维动态距离对钢铁产能合作的负向影响这一结论。

第三节　合作效率与合作潜力测算

一、总样本测算及分析

学者Armstrong（2007）指出，贸易效率即是贸易潜力的实现程度。本节根据式（5-8）计算2000~2016年中国对“一带一路”沿线国家钢铁出口的贸易效率。如图5-1所示，该图展现的是2000~2016年我国对“一带一路”沿线国家钢铁出口总量和贸易效率的变化趋势，可以看出，中国对“一带一路”沿线国家钢铁出口总量呈现波动式的上升趋势，钢铁作为一种资本密集型产业，受全球经济形势的影响较为严重，在2008年金融危机前后，出口量

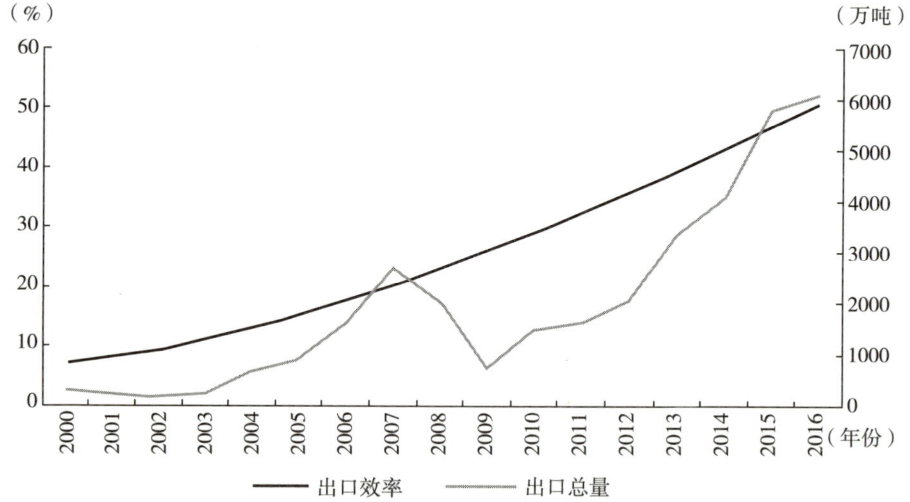

图5-1　2000~2016年中国对沿线国家钢铁出口效率和出口总量的变化趋势

明显出现了下滑，但总体而言中国对沿线国家出口量从2000年的310.303万吨增长到了2016年的6066.877万吨，增长了近20倍。然而与出口总量呈波动式上升不同，中国钢铁对沿线国家的出口效率却呈现稳步上升的趋势，2000年出口贸易效率仅为6.89%，到2016年这一数字增长到了50.85%，从数字的变化可以明显地看出，中国在进入21世纪之后钢铁产业整体出口数量和效率都有了极大的提升，这不仅得益于中国经济和工业能力的进步，也得益于中国始终致力于与周边国家保持良好的经贸合作关系，为中国与“一带一路”沿线国家开展钢铁产业国际产能合作奠定了基础。

本书选取2016年的样本数据估计结果具体分析各个国家的钢铁贸易潜力和产能合作空间大小。表5-6展示的是2016年中国与“一带一路”国家钢铁产能合作的情况，该表包含四个指标：实际出口量、出口潜力、出口效率以及产能合作的空间，排名是以产能合作空间的大小由大到小依次排列。从表5-6中可以看出，2016年中国钢铁出口量最大的五个东道国分别是越南、泰国、印度尼西亚、菲律宾和马来西亚，共计35106986.83吨；出口量最小的五个东道国则是匈牙利、尼泊尔、爱沙尼亚、摩尔多瓦和立陶宛，共计26770.5吨。排名前五位国家的出口量是排名后五位国家出口量的1300多倍，差距相当大。这一数据表明，受国家经济规模、工业发展阶段等因素的影响，“一带一路”沿线不同国家对中国钢铁的需求差异较为明显。从出口潜力来看，出口潜力最大的前五个沿线国家分别是越南、印度尼西亚、菲律宾、泰国和印度，其中，印度、印度尼西亚和菲律宾同时还具有很大的产能合作空间。在研究样本的57个国家中，有30个国家的产能合作空间大于50%，有10个国家甚至超过70%，这说明中国与“一带一路”沿线某些国家开展钢铁产业国际产能合作具有很大的发展空间亟待开拓。具体而言，产能合作空间最大的五个国家分别是白俄罗斯（83.87%）、摩尔多瓦（82.83%）、阿塞拜疆（79.43%）、格鲁吉亚（76.29%）和土库曼斯坦（74.50%），产能合作空间最小的五个国家则依次是越南（4.92%）、泰国（6.54%）、缅甸（14.98%）、阿联酋（18.13%）和约旦（18.50%）。其中，产能合作空间最大的五个国家均属于独联体国家，产能合作最小的五个国家中有三个是东盟国家。这是因为，一方面，东盟国家普遍具有良好的工业能力，与中国所处的工业化发展阶段类似，在相关产业领域的合作也较为成熟，产能合作的潜力已开拓得较为充分；另一方面，由于独联体国家在基础设施建设方面较为落后，因此，在经济、制度和文化上也与中国存在较大的差异，国际产能合作领域还处在初级阶段，产能合作的潜力亟待开拓。

表 5-6　2016 年中国对“一带一路”沿线国家钢铁出口潜力与产能合作空间

单位：吨

排名	代码	国家	出口量	出口潜力	出口效率	合作空间（%）
1	BLR	白俄罗斯	10827. 4204	67109. 8525	0. 1613	83. 87
2	MDA	摩尔多瓦	6309. 0008	36751. 4129	0. 1717	82. 83
3	AZE	阿塞拜疆	18912. 0652	91938. 2247	0. 2057	79. 43
4	GEO	格鲁吉亚	53751. 9474	226710. 8103	0. 2371	76. 29
5	TKM	土库曼斯坦	12303. 2400	48241. 4259	0. 2550	74. 50
6	LTU	立陶宛	8979. 8049	35154. 0358	0. 2554	74. 46
7	UKR	乌克兰	255502. 8300	940987. 2029	0. 2715	72. 85
8	ARM	亚美尼亚	15010. 3354	54557. 3841	0. 2751	72. 49
9	HUN	匈牙利	3110. 4176	11059. 9778	0. 2812	71. 88
10	BGR	保加利亚	49595. 5735	166266. 1345	0. 2983	70. 17
11	HRV	克罗地亚	47079. 0528	154395. 5518	0. 3049	69. 51
12	UZB	乌兹别克斯坦	217320. 1160	710045. 8396	0. 3061	69. 39
13	SVK	斯洛伐克	12767. 8000	40926. 6152	0. 3120	68. 80
14	EST	爱沙尼亚	4379. 3571	13310. 0175	0. 3290	67. 10
15	MKD	马其顿	22871. 8392	69210. 9532	0. 3305	66. 95
16	AFG	阿富汗	21018. 6105	61427. 8259	0. 3422	65. 78
17	CZE	捷克	67229. 8928	187477. 2963	0. 3586	64. 14
18	LVA	拉脱维亚	39029. 1140	107553. 3427	0. 3629	63. 71
19	RUS	俄罗斯	621523. 1315	1680538. 9062	0. 3698	63. 02
20	ROU	罗马尼亚	52744. 6579	139180. 1843	0. 3790	62. 10
21	NPL	尼泊尔	3991. 9240	9827. 4158	0. 4062	59. 38
22	POL	波兰	229242. 8767	549489. 1850	0. 4172	58. 28
23	MDV	马尔代夫	57170. 8407	135216. 0898	0. 4228	57. 72
24	DEU	德国	408429. 6060	955418. 2240	0. 4275	57. 25
25	ALB	阿尔巴尼亚	66022. 7400	153859. 0822	0. 4291	57. 09
26	TJK	塔吉克斯坦	68519. 5020	152237. 7377	0. 4501	54. 99
27	IND	印度	3067555. 1020	6649680. 5739	0. 4613	53. 87

续表

排名	代码	国家	出口量	出口潜力	出口效率	合作空间（%）
28	KAZ	哈萨克斯坦	224529.3144	478921.3991	0.4688	53.12
29	BGD	孟加拉国	1183276.3330	2491369.2699	0.4750	52.50
30	SVN	斯洛文尼亚	21469.4550	45071.9585	0.4763	52.37
31	EGY	埃及	431815.4733	849494.9597	0.5083	49.17
32	LAO	老挝	69484.0481	134174.2438	0.5179	48.21
33	OMN	阿曼	455794.1439	865985.8867	0.5263	47.37
34	KGZ	吉尔吉斯斯坦	67983.3156	124783.9343	0.5448	45.52
35	TUR	土耳其	2451227.2400	4293190.1744	0.5710	42.90
36	BHR	巴林	35766.9130	59287.5528	0.6033	39.67
37	YEM	也门	86956.1060	141866.3835	0.6129	38.71
38	IRN	伊朗	1170590.3030	1842268.9964	0.6354	36.46
39	LKA	斯里兰卡	427527.2480	669379.3376	0.6387	36.13
40	ISR	以色列	315231.2958	483337.8398	0.6522	34.78
41	QAT	卡塔尔	251542.6547	383941.0288	0.6552	34.48
42	IDN	印度尼西亚	6945041.1280	10520703.1412	0.6601	33.99
43	LBN	黎巴嫩	841601.0559	1272998.1028	0.6611	33.89
44	SAU	沙特阿拉伯	3313952.9020	5002878.5861	0.6624	33.76
45	PAK	巴基斯坦	1919736.3480	2887133.4732	0.6649	33.51
46	MYS	马来西亚	3364238.5890	4820175.5560	0.6979	30.21
47	MNG	蒙古	69917.6980	97680.2496	0.7158	28.42
48	KWT	科威特	376152.6951	522249.5312	0.7203	27.97
49	PHL	菲律宾	6384941.3870	8542362.7713	0.7474	25.26
50	SGP	新加坡	2238502.2830	2943448.9065	0.7605	23.95
51	KHM	柬埔寨	118324.7858	147254.2936	0.8035	19.65
52	BRN	文莱	123676.4910	152345.0208	0.8118	18.82
53	JOR	约旦	648397.3257	795597.6882	0.8150	18.50
54	ARE	阿联酋	1691214.8290	2065793.5919	0.8187	18.13
55	MMR	缅甸	1585914.9810	1865326.5106	0.8502	14.98
56	THA	泰国	6971023.8540	7458847.7901	0.9346	6.54
57	VNM	越南	11441741.8700	12034220.2276	0.9508	4.92

二、分线样本测算及分析

依据“一带一路”倡议框架提出的三条路线（南线、中线、北线），本书对沿线国家进行进一步的分线分析。其中，南线国家包括缅甸、柬埔寨、印度尼西亚、老挝、马来西亚、马尔代夫、尼泊尔、巴基斯坦、菲律宾、越南、泰国、印度、新加坡、孟加拉国、文莱以及斯里兰卡；中线国家包括巴林、哈萨克斯坦、吉尔吉斯斯坦、塔吉克斯坦、乌兹别克斯坦、约旦、科威特、黎巴嫩、卡塔尔、阿曼、沙特、土耳其、阿联酋、埃及、阿富汗、阿塞拜疆、伊朗、以色列、土库曼斯坦以及也门；北线包括亚美尼亚、保加利亚、克罗地亚、捷克、爱沙尼亚、格鲁吉亚、拉脱维亚、立陶宛、匈牙利、摩尔多瓦、蒙古、俄罗斯、波兰、罗马尼亚、斯洛伐克、斯洛文尼亚、乌克兰、马其顿、阿尔巴尼亚、白俄罗斯以及德国。

分线测算的结果如表 5-7 所示，从表中可以看到，2016 年中国对沿线国家钢铁的实际出口总量达到了 60668770. 86 吨，首先是出口到南线国家的钢铁量最多，达到了 45902147. 21 吨，占总出口量的 75. 66%；其次是中线国家，12700829. 10 吨，占总出口量的 20. 93%；对北线国家的钢铁出口量是最少的，仅为 2065794. 55 吨，占总出口量的 3. 41%。反观出口潜力，中国对沿线国家钢铁出口潜力总量达到了 87440659. 71 万吨，其中，中国钢铁对南线国家的出口潜力依旧是最大的，占总潜力的 70. 29%。从合作空间来看，北线具有最大的合作空间，达到了 63. 96%，而南线的合作空间虽然最小，但依旧有 25. 32%。从未来开发潜力来看，南线国家依旧拥有最大的未开发潜力，北线国家则是亟待去挖掘的潜力国家，从表中还可以看出，基于 2016 年的测算数据，在理论上，中国通过与“一带一路”沿线国家开展钢铁产业国际产能合作预计最多可以消耗国内 26771888. 84 吨的钢铁产能，随着“一带一路”倡议的推进，这一数字还会继续快速增长。

表 5-7　2016 年中国对“一带一路”南线、中线、北线国家钢铁出口状况及合作潜力

线路	国家数	出口总量（吨）	出口潜力（吨）	合作空间（%）	未开发潜力（吨）
南线	16	45902147. 21	61461464. 62	25. 32	15559317. 41
中线	21	12700829. 10	20246486. 71	37. 27	7545657. 61
北线	20	2065794. 55	5732708. 38	63. 96	3666913. 83
总计	57	60668770. 86	87440659. 71	30. 62	26771888. 84

第四节　本章小结

本章在前文对多维动态距离对钢铁产能合作机理影响的实证检验结果基础上，将多维动态距离中的地理距离作为引力模型中的自然因素（关键解释变量），将经济距离、制度距离和文化距离作为模型中的贸易非效率因素纳入随机前沿引力模型的分析框架中对中国与“一带一路”各国开展钢铁产业国际产能合作的潜力进行了研究。

经研究发现，自“一带一路”倡议提出以来，中国与沿线国家的钢铁出口贸易效率上升明显，2016 年平均效率达到 50. 85%，属于中等贸易水平，因而还有很大的产能合作潜力可以开拓，特别是北线国家，潜力高达 63. 96%。在区位分布上，不同国家和地区的贸易效率和潜力呈现较大的区域差异，整体表现为“南低北高”。从影响贸易效率的回归结果可以看出，贸易非效率项中的经济距离、文化距离和制度距离均对两国钢铁贸易合作有显著的影响，这表明要进一步挖掘潜力就必须深化与沿线国家在各领域的合作与交流，增进“五通”。此外，从 2016 年的估算数据来看，中国与“一带一路”国家开展产能合作可以有效消耗中国 2677. 19 万吨钢铁产能，而这一数字随着“一带一路”倡议的深入推进还将继续增加。研究结果表明：

第一，自“一带一路”倡议提出以来，中国与沿线国家在钢铁产能合作领域有了长足的进步，合作效率不断提升。中国应该继续在“一带一路”倡议的指引下积极推进与沿线国家在钢铁产能领域方面的合作。

第二，中国与沿线国家在开展钢铁产能合作方面还具有很大的合作空间，政府应该在有效保持与南线国家成熟的合作基础上，积极开拓与北线国家在钢铁产能领域的合作，激发合作潜力。

第三，现阶段，中国通过开展国际产能合作能有效地化解中国钢铁产业产能过剩的现状，政府应该以此为抓手，持续推进在钢铁产能领域的合作达到与沿线国家互利共赢的目的。

基于对中国与“一带一路”沿线国家的产能合作潜力的测算及对影响合作潜力的因素分析，本书提出以下三点对策建议：

第一，积极推进“一带一路”倡议实施，鼓励中国钢铁企业“走出去”。“一带一路”倡议下开展国际产能合作不仅是中国主动适应经济新常态的一项重要战略举措，也是中国企业积极适应经济全球化，突破美国和欧盟等西方国家贸易封锁、参与国际产业分工，利用两个市场、两种资源的必然选择。“一带一路”倡议为钢铁产业“走出去”提供了有利条件，把握好这一历史契机，积极开展经贸合作有助于达到互利双赢的结果。

第二，有效识别产能合作中的影响因素，制定钢铁产业“走出去”具体策略。“一带一路”的合作伙伴关系是一个逐步发展和不断拓展的过程。随着“一带一路”倡议的推进，传统地缘政治所指的边缘地带如今已成为连接欧亚的枢纽、互联互通的要冲。然而由于牵涉的国家众多，各国在经济、文化、制度等领域都存在较大差异，因此，政府和企业要以“五通”的思想为指导，积极推进中国与沿线各国在经济发展、政治制度、人文社会等方面的合作和交流，为中国钢铁产业与沿线国家开展产能合作创造更好的条件。

第三，合理选择钢铁产业“走出去”目标国，深挖产能合作潜力。中国与“一带一路”沿线国家的钢铁产能合作潜力呈明显的区域分布特征，这与处在不同地域国家的经济发展水平、产业结构、资源禀赋、区位条件有较大的关系。因此，中国与沿线国家开展钢铁产能合作不能平衡用力，应该分类推进。我们认为，一方面，要优先选取合作基础好、经济互补性强、钢铁产能合作潜力较大的国家开展合作；另一方面，要在保持与原有合作国稳定合作的基础上，更加积极推进“五通”与沿线具有更高潜力的国家开展钢铁产能合作。

第六章　钢铁产能合作的区位选择研究

本书的第四章基于多维动态距离的视角对中国钢铁产能合作中的影响因素进行了实证研究，第五章在第四章结论的基础上对中国与“一带一路”沿线国家开展钢铁产能合作的潜力进行了测算。本章将基于前两章的实证结果，以多维动态距离为基础，拓展构造多维度的风险评价指标体系，并采用主成分分析法对各维度风险进行测算，而后测度“一带一路”沿线国家整体国家风险。最后将引入前文测算的合作潜力指标，构建潜力—风险区位选择矩阵对中国与“一带一路”沿线国家开展钢铁产能合作提供可行的建议。

第一节　产能合作区位选择关键因素

合作潜力和合作风险是区位选择的两个关键要素。国际产能合作作为“一带一路”倡议下的新型国际合作方式，一方面，国际上缺乏成功的范式可以借鉴；另一方面，中国也无实践经验可以吸取。如何选择合适的区位开展钢铁产能合作是摆在眼前的一个现实问题。本章从经济学最经典的风险收益评价分析的视角出发，将合作潜力作为风险的替代指标，综合考虑合作潜力和合作风险进行区位选择分析。

一、合作潜力

潜力是指潜在的还未开发的能力。首先，本章对“一带一路”钢铁产能合作的潜力定义是指在不存在贸易非效率的理想情况下，中国出口东道国钢铁量的理想值与实际贸易值的差值（即第五章测度出的合作空间）。在现阶段，最优值和理想值之间的差距很难通过改善贸易条件而现实；其次，在"一带一路"倡议下通过采取多元化的产能合作方式规避这些贸易的非效率因素是有机会实现这一部分潜力的。所以本书将这一部分空间定义为钢铁产能合作潜力。

二、合作风险

中国与"一带一路"沿线国家的合作风险主要有两个来源：一是由于东道国自身的国家风险；二是由于中国与东道国之间的关系而产生的风险。东道国自身风险涵盖范围很广，其涉及政治、经济、社会、文化等方方面面，迄今为止，依旧没有一个统一的概念。东道国自身的风险在进行国际合作中表现为风险越大诱发冲突的可能性越大，从保障自身合作权利的角度出发，母国应当尽可能选择风险较低的东道国开展合作（周方银，2015；郭建鸾和闫冬，2017）。受东道国和母国关系影响所产生风险则更为复杂，它既关乎东道国自身的风险又涉及与母国的关系，本书采用多维动态距离来表示两国的关系，即经济距离越接近，则经济风险越低，以此类推。本章将以多维动态距离为基础，拓展成为评价"一带一路"沿线国家合作风险的多维风险评价指标体系。

第二节　东道国合作风险测度

一、研究方法

（一）国家风险的测度方法

国家风险评价方法分为定性分析法和统计分析方法。国家风险定性分析法是指采用定性分析的方法对国家风险进行评估，例如，采用文字描述国家风险并撰写评价报告就是其主要形式；国家风险统计方法则是采用各种不同的统计分析方法对国家风险进行评价。

具体而言，定性分析方法主要包括完全定性、结构定性以及清单分析等。完全定性是一种采用固定格式的国家风险评价报告；结果定性则是依据一定范围和统计分析写成的标准格式国家报告；清单分析是指采用国家信用等级统计表或问题表的形式进行国家风险分析，统计表包含经济、金融、社会和政治等指标，分为加权和费加权两种。此外，国家风险统计分析方法包括主成分分析、因子分析、聚类分析、判别分析、Logit/Probit 模型等以及一系列参数或非参数法，例如，支持向量机和人工神经网络。

本书根据研究的需要，拟采用主成分分析法和因子分析法对“一带一路”沿线国家的国家风险进行测度，这也是在研究国家风险中较为主流的方法。例如，胡俊超和王丹丹（2016）就采用主成分分析、因子分析、聚类分析和判别分析对“一带一路”沿线国家的国别风险进行了测度。周伟等（2017）同样采用了主成分分析和聚类分析对“一带一路”沿线 39 个东道国的风险进行了量化评价。

（二）主成分分析法

主成分分析法是数理统计学中多元分析的一种常用做法。主成分分析法旨在对多个指标进行降维分析，即如何用较少的指标去描述它或给多个指标进行重要程度的排队。其步骤方法如下：

（1）采集原始数。

$$X=\begin{bmatrix} x_{11} & \cdots & x_{1p} \\ \vdots & \ddots & \vdots \\ x_{n1} & \cdots & x_{np} \end{bmatrix} \tag{6-1}$$

其中，x_{ij} 为第 i 个样本的第 j 个指标的观测值。对原指标阵 X 中的元素进行同趋势化变换：对正指标 $X_{ij}=x_{ij}$，对逆指标 $X_{ij}=M-X_{ij}$，对适度指标 $X_{ij}=M-|X_{ij}-k|$，其中，k 表示指标 X_{ij} 的理想值，M 表示一适当大的正数。

（2）对矩阵 X 进行标准化变换。

$$z_{ij}=\frac{(x_{ij}-\bar{x}_j)}{s_j},\ (i=1,2,\cdots,n;j=1,2,\cdots,p)$$

$$\bar{x}_j=\frac{1}{n}\sum_{i=1}^{n}x_{ij},\ s_j^2=\frac{1}{n-1}\sum_{i=1}^{n}(x_{ij}-\bar{x}_j)^2 \tag{6-2}$$

得标准化阵：

$$Z=\begin{pmatrix} z_{11} & z_{12} & \cdots & z_{1p} \\ z_{21} & z_{22} & \cdots & z_{2p} \\ \vdots & \vdots & & \vdots \\ z_{n1} & z_{n2} & \cdots & z_{np} \end{pmatrix} \tag{6-3}$$

（3）对标准化阵 Z 求相关系数阵 $R=(r_{ij})pxp$，其中，r_{ij} 反映指标 Z_i 和 Z_j 的相关程度，表达式为：

$$r_{ij}=\frac{cov(Z_i, Z_j)}{\sqrt{D(Z_i)}\sqrt{D(Z_j)}} \tag{6-4}$$

在式（6-4）中，cov（Z_i，Z_j）为指标 Z_i 与 Z_j 的协方差。解相关系数矩阵 R 的特征方程 $|R-\lambda I_p|=0$，得 p 个特征值 $\lambda_1 \geqslant \lambda_2 \geqslant \cdots \geqslant \lambda_p \geqslant 0$，其中 $\lambda_1 = var(Y_i)$，于是求得主成分的方差贡献率和累积方差贡献率如下：

$$\alpha = \frac{\lambda_i}{\sum_{i=1}^{p}\lambda_i}, \lambda = \frac{\sum_{i=1}^{m}\lambda_i}{\sum_{i=1}^{p}\lambda_i} \tag{6-5}$$

按 $\gamma \geqslant 0.90$ 并结合实际情况确定 m 值。对每个 λ_j（j=1，2，…，p），解方程组 $Ra=\lambda_j a$，得 λ_j 所对应特征向量 a_j，进而求得单位特征向量：

$$b_j=\frac{a_j}{\|a_j\|} \tag{6-6}$$

（4）求出 $Z_i=[z_{i1}, z_{i2}, \cdots, z_{ip}]^T$ 的 m 个主成分分量 $Y_j=Z_i^T b_j$，i=1，2，…，m，m<P。

（5）求主成分 Y_j 与指标 Z_i 的相关系数，即因子载荷量（其绝对值的大小反映了指标 Z_i 与主成分 Y_j 的关系密切程度）：

$$\rho(Y_j, Z_i)=\frac{\sqrt{\lambda_j}b_{ij}}{\sqrt{var(Z_i)}}, i, j=1, 2, \cdots, p \tag{6-7}$$

在（6-7）式中 $var(Z_i)$ 为指标 Z_i 的方差。求前 m 个主成分对于指标 Z_i 的贡献率：

$$\rho_i^{(m)} = \frac{\sum_{j=1}^{m}\lambda_j b_{ij}^2}{\sqrt{var(Z_i)}}, i = 1, 2, \cdots, p \tag{6-8}$$

（6）以各个主成分的方差贡献率为权值，则由 m 个主成分生成的线性加权综合评价函数为：

$$F=\alpha_1 Y_1+\alpha_2 Y_2+\cdots+\alpha_m Y_m \quad (6-9)$$

二、合作风险评价体系构建与指标说明

（一）评价体系构建

本书基于多维动态距离的视角对距离的四个维度进行拓展，构建基于经济金融风险、政治制度风险、社会文化风险和地缘地理风险为核心的四维度国家风险评价指标体系，具体的指标选择和说明如表 6-1 所示。

表 6-1　“一带一路”国家四维度风险评价指标体系

风险类型	风险来源	指标	指标说明	数据来源
经济金融风险	东道国	（1）通货膨胀	CPI 指数	经济自由度
		（2）国际流动性风险	经济自由度指标	经济自由度
		（3）外债负债率	年末外债余额/当年 GDP	经济自由度
		（4）国内生产总值	GDP	世界银行
		（5）人均生产总值	GNPP	世界银行
		（6）政府收支占比	政府支出占 GDP 的比重	世界银行
		（7）近五年经济增长	最近五年经济增长的比率	世界银行
	东道国与中国	（8）经济距离	两国经济发展水平差距	本书测算
政治制度风险	东道国	（9）政治稳定性	政府执政的稳定性和制度连续性	全球治理指标
		（10）政治民主度	国民在政治生活中的参与度	全球治理指标
		（11）政府效率	政府提供公共服务的效率	全球治理指标
		（12）法律完善度	各项法律的完善程度	全球治理指标
		（13）腐败控制	评价一国控制腐败的情况	全球治理指标
		（14）依法治国程度	评价一国对法律的执行度	全球治理指标
	东道国与中国	（15）制度距离	两国制度水平上的差异	本书测算

续表

风险类型	风险来源	指标	指标说明	数据来源
社会文化风险	东道国	（16）社会失业率	一国成年人失业率	世界发展指标
		（17）社会治安	每年每 10 万年被谋杀人数	世界发展指标
		（18）国民受教育程度	高等教育入学率	世界发展指标
	东道国与中国	（19）是否拥有共同语言	1 表示为有共同语言，0 表示没有	CEPII 数据库
		（20）文化距离	两国间文化认知差异	本书测算
地理地缘风险	东道国	（21）基础设施水平	国境内铁路里程数	世界发展指标
		（22）是否为内陆国家	1 表示为内陆国，0 表示非内陆国	CEPII 数据库
		（23）领土争端	1 表示有领土争端，0 表示没有	相关网站
	东道国与中国	（24）是否接壤	1 表示接壤，0 表示没有接壤	CEPII 数据库
		（25）地理距离	两国首都间的直线距离	CEPII 数据库

与以往的研究不同，本书在风险指标选择和评价体系构建上有以下两点创新：一是在国家风险的量化中加入了“中国因素”。大多数对东道国风险量化评价的研究仅仅单一考虑东道国本国的风险情况，而忽略了其与母国的关系。事实上，两国直接的相互关系对于两国合作的风险具有相当大的参考价值。所以本书在该指标体系中加入了东道国与中国的相互关系指标，在一定程度上提高了评价模型的精确度。二是基于“一带一路”倡议的背景和钢铁产能合作的特点，本书不仅充分考虑了经济、政治的风险，还将人文社会风险和地缘地理风险纳入了风险评价体系中，该评价体系能更加全面地反映产能合作中面临的真实风险。

（二）评价指标说明

1. 经济金融风险

金融风险主要表现为投资的资产贬值，结算、汇兑转移限制等，同时一国的经济体量大小和国民收入的多少也决定了该国承受金融冲击的能力。所以本书选取了通货膨胀、国际流动性风险和资产负载率来评价东道国的金融状况，同时选取国内生产总值、人均生产总值、政府收支占比和近五年经济增长率作为衡量一国经济实力和抗压能力的指标。国家经济距离反映了东道国和中国之间的经济差距，作为衡量双边经济关系的指标。

2. 政治制度风险

在政治制度风险的评价上，本书采用学术界广泛认可的全球治理指标（World Governance Indicators，WGI），该指标包括政治稳定性、政府效率、监管质量、法治规则、话语权与问责制以及腐败控制，这六个因素基本可以评价一国的政治制度水平。同时，本书选取东道国和中国之间的制度距离作为两国相互因素的评价指标。

3. 社会文化风险

东道国的社会稳定是双方开展合作的基本条件，动荡不安的社会状况难以维系双方合作的有序进行，本书选用社会失业率、社会治安和国民受教育程度来评价一国的社会风险。此外，东道国对于“一带一路”倡议的理解和认可是保障产能合作推进的一个重要因素，就是由双方的认知和文化差异决定的。所以本书选用文化距离和是否拥有共同语言（虚拟变量）来评价东道国的文化风险。

4. 地理地缘风险

在“一带一路”倡议下开展的钢铁国际产能合作最难以绕开的就是地缘地理风险。钢铁作为一种劳动密集型、资本密集型产品，首先它要求很高的运输条件，其次它容易受到当地贸易保护主义的排斥。所以本书选取基础设施水平、地理距离、是否为内陆国家（虚拟变量）和是否接壤（虚拟变量）来评价运输中的风险，同时选择是否存在领土争端（虚拟变量）作为评价地缘风险的重要指标。

三、合作风险测度分析

为了使指标具有可比性，首先，对所有指标进行归一化处理，分别计算2016年“一带一路”沿线各国25个风险指标的标准值；其次，运用SPSS软件，采用主成分分析法对综合国家分线进行主成分分析；最后，再对各维度风险分别进行分析，计算总风险因子得分，以研究各国具体的风险来源。

（一）综合国家测度

1. 主成分分析和因子分析

为了验证上节构建的四维度风险评价指标体系是否适用于主成分分析法，

本书对 25 个风险指标进行了 KMO 和 Bartlett 球形检验。检验结果如表 6-2 所示，25 个风险指标的 KMO 值为 0.725（一般认为 KMO 值大于 0.6 即适用主成分分析法进行降维分析），故本书采用主成分分析法是合理有效的。

表 6-2　风险指标主成分分析的 KMO 和 Bartlett 的检验

取样足够度的 Kaiser-Meyer-Olkin 度量		0.725
Bartlett 的球形度检验	近似卡方	1215.192
	df	300
	Sig.	0.000

由图 6-1 可以看出，从第八个主成分开始，趋势呈平稳走势，因此，我们选择前七个主成分即可对国家风险进行解释。

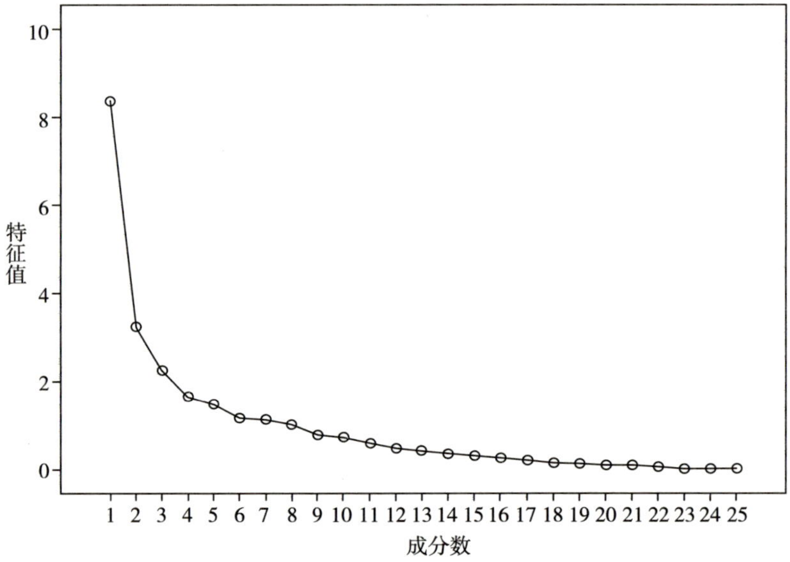

图 6-1　主成分碎石图

表 6-3 展示的是国家综合风险评价的因子分析结果，从表中可以看出，因子 F1 的方差贡献率最大，达到了 28.28%，其次分别为 F2 因子的 14.33%、F3 因子的 8.863%、F4 因子的 7.460%、F5 因子的 6.523%、F6 因子的

6.421%和F7因子的5.198%，七个因子的累积贡献率达到了77.08%，已经能很好地代表大部分变量的信息。所以接下来本书对这七个因子进行因子旋转以得到综合因子F的得分。

表6-3 "一带一路"沿线国家综合风险评价的因子分析结果

变量	F1	F2	F3	F4	F5	F6	F7
方差	8.361	3.236	2.244	1.649	1.479	1.174	1.127
方差贡献率（%）	28.28	14.33	8.863	7.460	6.523	6.421	5.198
累积贡献率（%）	28.28	42.61	51.47	58.93	65.456	71.88	77.08

通过因子旋转，可以得到各因子得分和综合因子得分，综合因子F可以通过公式（6-10）计算得出，其中，α_i 为 F_i 的方差贡献率。

$$F = \sum_{i=1}^{7} F_i \times \alpha_i,\ \alpha_i = \frac{\lambda_i}{\sum_{i=1}^{7} \lambda_i} \tag{6-10}$$

2. 国家风险测度结果分析

本书通过SPSS软件对25个风险指标进行主成分降维分析的结果如表6-4所示，由于SPSS软件计算所得的因子分具有（近似）等于0的平均数和等于1的标准差，且各因子是以距离其平均数的标准差为单位进行测算的（Hamilton，2011），此外，本书的数据方向统一为"值越大，风险越小"，所以以下排序的风险大小与综合风险指标的值成反比。

从表6-4可以看出，根据经济金融、政治制度、社会文化和地理地缘四个维度测算出的综合国家风险结果，其中，风险指数小于平均水平（风险指数大于0）的有25个国家，风险指数大于平均水平的（风险指数小于0）有32个国家，从中可以看出，中国与大部分"一带一路"沿线国家开展产能合作是具有一定的风险的，风险指数小于平均水平的国家中大都是东欧及中东的发达国家，而低于平均水平的国家则大都是来自南亚等地的发展中国家。安全系数最高的五个国家分别是德国、新加坡、斯洛文尼亚、以色列和捷克，而风险最高的五个国家则是土库曼斯坦、缅甸、越南、印度尼西亚和菲律宾。从这个结果不难看出，前五位合作风险最小的国家均是发达国家，这表明一国的综合风险与其经济发展程度具有非常强的正向关系，发达国家具有更好的经济金融条件、更好的基础设施建设和更稳定的社会政治体系。相反，合作风险最大的五个国家则都是“一带一路”沿线的发展中国家，其中四个都来自于“一带一路”南线。具体来看，除俄罗斯以外，与中国毗邻的国家都拥有很高的国家综合风险，尤其是东南亚部分岛国和中亚、中东部分国家。相反，与中国地理距离较远的东欧国家风险则相对较低。这也再一次验证了地理距离在国际合作中的负向影响正在被削弱。国家综合风险的具体来源将在接下来的章节做详细分析。

表 6-4 “一带一路”沿线国家综合风险评价及排名

排名	代码	国家	综合国家风险	排名	代码	国家	综合国家风险
1	DEU	德国	1.331	22	GEO	格鲁吉亚	0.049
2	SGP	新加坡	1.144	23	MKD	马其顿	0.044
3	SVN	斯洛文尼亚	0.751	24	OMN	阿曼	0.009
4	ISR	以色列	0.734	25	ROU	罗马尼亚	0.007
5	CZE	捷克	0.551	26	BRN	文莱	-0.035
6	EST	爱沙尼亚	0.513	27	ALB	阿尔巴尼亚	-0.069
7	QAT	卡塔尔	0.467	28	MYS	马来西亚	-0.072
8	ARE	阿联酋	0.442	29	AZE	阿塞拜疆	-0.084
9	LTU	立陶宛	0.437	30	KWT	科威特	-0.102
10	LVA	拉脱维亚	0.426	31	UKR	乌克兰	-0.102
11	HUN	匈牙利	0.420	32	IND	印度	-0.107
12	POL	波兰	0.399	33	KGZ	吉尔吉斯斯坦	-0.109
13	AFG	阿富汗	0.387	34	ARM	亚美尼亚	-0.123
14	SVK	斯洛伐克	0.383	35	EGY	埃及	-0.141
15	HRV	克罗地亚	0.254	36	NPL	尼泊尔	-0.147
16	RUS	俄罗斯	0.231	37	LBN	黎巴嫩	-0.163
17	JOR	约旦	0.153	38	TJK	塔吉克斯坦	-0.176
18	SAU	沙特阿拉伯	0.082	39	THA	泰国	-0.181
19	TUR	土耳其	0.065	40	MDA	摩尔多瓦	-0.185
20	BGR	保加利亚	0.062	41	YEM	也门	-0.230
21	BHR	巴林	0.056	42	KAZ	哈萨克斯坦	-0.247

续表

排名	代码	国家	综合国家风险	排名	代码	国家	综合国家风险
43	MNG	蒙古	-0.255	51	UZB	乌兹别克斯坦	-0.558
44	PAK	巴基斯坦	-0.266	52	BGD	孟加拉国	-0.559
45	LKA	斯里兰卡	-0.279	53	PHL	菲律宾	-0.573
46	BLR	白俄罗斯	-0.295	54	IDN	印度尼西亚	-0.596
47	MDV	马尔代夫	-0.345	55	VNM	越南	-0.641
48	LAO	老挝	-0.381	56	MMR	缅甸	-0.672
49	IRN	伊朗	-0.386	57	TKM	土库曼斯坦	-0.772
50	KHM	柬埔寨	-0.549				

（二）各维度风险测度

对“一带一路”沿线各国的综合风险进行测度之后，本书同样运用主成分分析法对不同维度的风险进行测算，从而探讨各国综合风险的来源以及在不同维度下的风险情况和风险排名。具体的研究和计算步骤在前一章节已经做了详细交代，这里就不再赘述。

1. 经济金融风险

通过对经济金融维度下的各指标进行处理计算之后，本书得到了2016年“一带一路”沿线国家的经济金融风险得分和排名（得分越高则风险越低），如表6-5所示。从表中可以清楚地看出，在“一带一路”沿线国家中，新加坡、卡塔尔、德国和阿联酋这四国的经济金融风险要显著低于其他沿线国家，其他国家如以色列、印度和沙特阿拉伯等国的经济金融风险也较其他国家而言处在较低的水平。整体而言，这些经济金融风险较低的国家普遍具有较为稳定的政治环境和金融体制，经济水平也较其他地区更为发达。相反，独联体国家中的白俄罗斯和乌克兰以及伊朗、黎巴嫩等国，它们的经济金融风险则要大幅高于沿线的其他国家。在这些国家中，有些长期面临金融危机的风险，有些则面临政治不稳定和战乱等情况。

从整体的区位分布来看，“一带一路”沿线具有高经济金融风险的国家并没有呈现集聚的现象，相反它们在地理分布上较为分散，这主要是因为近年来并未出现大规模的全球性的金融危机或战争，导致个别国家出现较高经济金融风险的原因主要来自本国自身的经济现状和局部的小规模的战争或动乱。此外，从区域的视角来看，“一带一路”沿线中线和北线国家的经济金融风险普遍要高于“一带一路”南线地区，这主要是因为南线国家的整体经济发展水平和社会稳定程度要高于中线和北线国家。

表 6-5　2016 年“一带一路”沿线国家经济与金融风险评价及排名

排名	代码	国家	经济风险	排名	代码	国家	经济风险
1	SGP	新加坡	1. 876	26	CZE	捷克	0. 001
2	QAT	卡塔尔	1. 846	27	THA	泰国	−0. 030
3	DEU	德国	1. 688	28	POL	波兰	−0. 031
4	ARE	阿联酋	1. 034	29	LVA	拉脱维亚	−0. 039
5	ISR	以色列	0. 659	30	TUR	土耳其	−0. 045
6	IND	印度	0. 571	31	MMR	缅甸	−0. 054
7	AFG	阿富汗	0. 498	32	ARM	亚美尼亚	−0. 102
8	BHR	巴林	0. 433	33	SVK	斯洛伐克	−0. 111
9	SAU	沙特阿拉伯	0. 374	34	MNG	蒙古	−0. 111
10	EST	爱沙尼亚	0. 320	35	MKD	马其顿	−0. 221
11	KWT	科威特	0. 281	36	VNM	越南	−0. 227
12	BRN	文莱	0. 248	37	PAK	巴基斯坦	−0. 227
13	KHM	柬埔寨	0. 221	38	ROU	罗马尼亚	−0. 249
14	IDN	印度尼西亚	0. 217	39	LAO	老挝	−0. 267
15	TJK	塔吉克斯坦	0. 196	40	BGR	保加利亚	−0. 280
16	LTU	立陶宛	0. 191	41	RUS	俄罗斯	−0. 286
17	NPL	尼泊尔	0. 172	42	UZB	乌兹别克斯坦	−0. 304
18	MYS	马来西亚	0. 169	43	KGZ	吉尔吉斯斯坦	−0. 309
19	PHL	菲律宾	0. 168	44	MDA	摩尔多瓦	−0. 328
20	BGD	孟加拉国	0. 124	45	ALB	阿尔巴尼亚	−0. 345
21	KAZ	哈萨克斯坦	0. 101	46	AZE	阿塞拜疆	−0. 367
22	GEO	格鲁吉亚	0. 072	47	JOR	约旦	−0. 441
23	TKM	土库曼斯坦	0. 050	48	MDV	马尔代夫	−0. 445
24	LKA	斯里兰卡	0. 024	49	YEM	也门	−0. 449
25	OMN	阿曼	0. 005	50	HUN	匈牙利	−0. 482

续表

排名	代码	国家	经济风险	排名	代码	国家	经济风险
51	LBN	黎巴嫩	-0.504	55	HRV	克罗地亚	-0.793
52	SVN	斯洛文尼亚	-0.625	56	BLR	白俄罗斯	-1.103
53	IRN	伊朗	-0.701	57	UKR	乌克兰	-1.333
54	EGY	埃及	-0.729				

2. 政治制度风险

通过对政治制度维度下的各指标进行数据处理和计算之后，本书得到了2016年“一带一路”沿线国家的政治制度风险得分和排名（得分越高则风险越低），如表6-6所示。从表6-6中可以看出，在“一带一路”沿线各国中，新加坡的制度风险要显著低于其他各国，如德国、阿联酋、爱沙尼亚、卡塔尔和文莱等国的制度风险也较沿线各国的平均水平低。这些在政治制度风险评价中表现较好的国家普遍具有稳定的政治制度且与周边邻国不存在明显的政治纠纷。此外，这些国家的经济发展水平也处在“一带一路”沿线的上游水平。相反，政治制度风险较高的国家包括阿富汗、也门、土库曼斯坦、巴基斯坦和乌克兰等国，相对而言，这些国家的内部政治动荡，多数与邻国存在潜在的军事冲突风险，例如，阿富汗长期与美国存在军事冲突，巴基斯坦与印度也面临一系列复杂的双边关系。

从整体来看，在“一带一路”沿线的国家中，政治制度风险较高的国家分布较为集中，在地理位置上大多与中国毗邻，主要位于“一带一路”的南线和中线。与之相比，北线国家的政治制度风险相对较低。值得注意的是，所有独联体国家都有很高的政治制度风险，此外，中亚、西亚的大部分国家和地区也具有很高的政治制度风险。

表6-6 2016年“一带一路”沿线国家政治制度风险评价及排名

排名	代码	国家	制度风险	排名	代码	国家	制度风险
1	SGP	新加坡	2.754	5	QAT	卡塔尔	1.192
2	DEU	德国	1.883	6	BRN	文莱	1.103
3	ARE	阿联酋	1.486	7	LTU	立陶宛	0.959
4	EST	爱沙尼亚	1.251	8	SVN	斯洛文尼亚	0.956

续表

排名	代码	国家	制度风险	排名	代码	国家	制度风险
9	CZE	捷克	0.914	34	MDV	马尔代夫	-0.353
10	ISR	以色列	0.823	35	LKA	斯里兰卡	-0.358
11	LVA	拉脱维亚	0.765	36	IRN	伊朗	-0.361
12	MYS	马来西亚	0.635	37	LAO	老挝	-0.374
13	POL	波兰	0.630	38	BLR	白俄罗斯	-0.381
14	SVK	斯洛伐克	0.566	39	TUR	土耳其	-0.418
15	OMN	阿曼	0.455	40	IND	印度	-0.428
16	SAU	沙特阿拉伯	0.391	41	IDN	印度尼西亚	-0.438
17	GEO	格鲁吉亚	0.390	42	EGY	埃及	-0.492
18	HUN	匈牙利	0.297	43	PHL	菲律宾	-0.555
19	BHR	巴林	0.269	44	TJK	塔吉克斯坦	-0.572
20	HRV	克罗地亚	0.256	45	UZB	乌兹别克斯坦	-0.603
21	AZE	阿塞拜疆	0.124	46	KHM	柬埔寨	-0.619
22	JOR	约旦	0.059	47	MDA	摩尔多瓦	-0.683
23	THA	泰国	0.034	48	BGD	孟加拉国	-0.741
24	ROU	罗马尼亚	-0.066	49	MMR	缅甸	-0.755
25	VNM	越南	-0.071	50	LBN	黎巴嫩	-0.767
26	BGR	保加利亚	-0.077	51	NPL	尼泊尔	-0.823
27	KAZ	哈萨克斯坦	-0.232	52	KGZ	吉尔吉斯斯坦	-0.844
28	MKD	马其顿	-0.243	53	UKR	乌克兰	-0.900
29	KWT	科威特	-0.268	54	PAK	巴基斯坦	-0.945
30	MNG	蒙古	-0.272	55	TKM	土库曼斯坦	-0.952
31	RUS	俄罗斯	-0.293	56	YEM	也门	-1.339
32	ARM	亚美尼亚	-0.307	57	AFG	阿富汗	-1.354
33	ALB	阿尔巴尼亚	-0.308				

3. 社会文化风险

通过对社会文化维度下的各指标进行处理计算之后，本书得到了 2016 年“一带一路”沿线国家的社会文化风险得分和排名（得分越高则风险越低），如表 6-7 所示。由于社会文化风险的测度指标主要反映的是社会的稳定性以及与中国文化的差异性，所以这一风险指标对沿线国家对“一带一路”倡议的接受程度具有一定的解释力，即文化风险越低的国家能更好地理解和接受“一带一路”倡议。从整体来看，“一带一路”沿线各国的文化风险普遍较低，其中，社会文化风险最低的国家分别是斯洛文尼亚、拉脱维亚、以色列、新加坡和波兰，其他国家如克罗地亚、土耳其、匈牙利和马其顿等国的社会文化风险同样不高。相反，在社会文化风险这项评价中表现较差的国家包括老挝、卡塔尔、巴基斯坦、缅甸和菲律宾。

综合来看，社会文化风险较高的国家同样具有一定的区域性。高风险和中高风险的国家主要集中在中线和南线地区，值得注意的是，这些国家大多在地理区位上与中国相邻。这说明这些国家的社会稳定性较差且反映出对“一带一路”倡议的接受程度不够。反观与中国在地理距离上相隔较远的东欧国家，不仅拥有更稳定的社会环境，也与中国有更好的文化交流，对“一带一路”倡议有更高的接受程度。这也从侧面反映了中国的邻国对于中国的快速崛起和“一带一路”倡议的提出还存有疑虑。

表 6-7　2016 年“一带一路”沿线国家社会文化风险评价及排名

排名	代码	国家	文化风险	排名	代码	国家	文化风险
1	SVN	斯洛文尼亚	1.196	15	LTU	立陶宛	0.650
2	LVA	拉脱维亚	1.189	16	ALB	阿尔巴尼亚	0.616
3	ISR	以色列	1.186	17	JOR	约旦	0.521
4	SGP	新加坡	1.121	18	MYS	马来西亚	0.460
5	POL	波兰	0.918	19	SAU	沙特阿拉伯	0.449
6	HRV	克罗地亚	0.871	20	CZE	捷克	0.410
7	TUR	土耳其	0.863	21	SVK	斯洛伐克	0.386
8	HUN	匈牙利	0.862	22	EGY	埃及	0.364
9	MKD	马其顿	0.743	23	GEO	格鲁吉亚	0.361
10	BLR	白俄罗斯	0.719	24	UKR	乌克兰	0.333
11	IRN	伊朗	0.713	25	ARM	亚美尼亚	0.260
12	BGR	保加利亚	0.696	26	BHR	巴林	0.195
13	DEU	德国	0.685	27	ROU	罗马尼亚	0.158
14	EST	爱沙尼亚	0.666	28	OMN	阿曼	0.138

续表

排名	代码	国家	文化风险	排名	代码	国家	文化风险
29	LBN	黎巴嫩	0.007	44	MNG	蒙古	-0.616
30	ARE	阿联酋	-0.051	45	VNM	越南	-0.692
31	RUS	俄罗斯	-0.142	46	KAZ	哈萨克斯坦	-0.704
32	THA	泰国	-0.150	47	IND	印度	-0.772
33	KWT	科威特	-0.214	48	TKM	土库曼斯坦	-0.780
34	BRN	文莱	-0.279	49	KHM	柬埔寨	-0.825
35	MDA	摩尔多瓦	-0.297	50	BGD	孟加拉国	-0.840
36	LKA	斯里兰卡	-0.402	51	UZB	乌兹别克斯坦	-0.842
37	MDV	马尔代夫	-0.403	52	AFG	阿富汗	-0.889
38	NPL	尼泊尔	-0.474	53	PHL	菲律宾	-0.910
39	TJK	塔吉克斯坦	-0.509	54	MMR	缅甸	-1.036
40	IDN	印度尼西亚	-0.517	55	PAK	巴基斯坦	-1.121
41	YEM	也门	-0.541	56	QAT	卡塔尔	-1.139
42	AZE	阿塞拜疆	-0.577	57	LAO	老挝	-1.417
43	KGZ	吉尔吉斯斯坦	-0.596				

4. 地缘地理风险

通过对地理地缘维度下的各指标进行处理计算之后，本书得到了 2016 年“一带一路”沿线国家的地理地缘风险得分和排名（得分越高则风险越低），如表 6-8 所示。从表中可以看出，“一带一路”国家中地缘地理风险较低的国家前五名分别是印度、蒙古、俄罗斯、哈萨克斯坦和老挝，均是与中国接壤的国家。风险最大的五个国家则是阿尔巴尼亚、克罗地亚、也门、埃及和保加利亚，在地理位置上与中国相距甚远。这也表明在开展钢铁国际产能合作的过程中，地理距离这一指标对地理地缘风险的影响较大。

整体来看，中国周边国家的地理地缘风险普遍较低。值得注意的是，高风险的国家和地区主要集中在中东区域，中东地区由于其地理位置、宗教信仰和资源禀赋的特殊性，长期以来都是地缘政治风险较高的区域。

表 6-8　2016 年“一带一路”沿线国家地理地缘风险评价及排名

排名	代码	国家	地理风险	排名	代码	国家	地理风险
1	IND	印度	1.444	30	DEU	德国	-0.230
2	MNG	蒙古	1.353	31	UKR	乌克兰	-0.235
3	RUS	俄罗斯	1.276	32	MKD	马其顿	-0.238
4	KAZ	哈萨克斯坦	1.180	33	SVN	斯洛文尼亚	-0.257
5	LAO	老挝	1.133	34	IRN	伊朗	-0.259
6	NPL	尼泊尔	1.086	35	LKA	斯里兰卡	-0.278
7	KGZ	吉尔吉斯斯坦	1.051	36	POL	波兰	-0.329
8	TJK	塔吉克斯坦	0.979	37	OMN	阿曼	-0.354
9	AFG	阿富汗	0.958	38	GEO	格鲁吉亚	-0.364
10	MMR	缅甸	0.844	39	MDV	马尔代夫	-0.379
11	PAK	巴基斯坦	0.744	40	ARE	阿联酋	-0.392
12	UZB	乌兹别克斯坦	0.249	41	TUR	土耳其	-0.399
13	VNM	越南	0.199	42	BLR	白俄罗斯	-0.401
14	PHL	菲律宾	0.114	43	QAT	卡塔尔	-0.417
15	TKM	土库曼斯坦	0.112	44	KWT	科威特	-0.420
16	AZE	阿塞拜疆	0.029	45	BHR	巴林	-0.420
17	BGD	孟加拉国	0.004	46	ROU	罗马尼亚	-0.422
18	THA	泰国	-0.004	47	EST	爱沙尼亚	-0.431
19	BRN	文莱	-0.022	48	LVA	拉脱维亚	-0.443
20	ARM	亚美尼亚	-0.039	49	LTU	立陶宛	-0.448
21	MYS	马来西亚	-0.056	50	SAU	沙特阿拉伯	-0.458
22	KHM	柬埔寨	-0.059	51	LBN	黎巴嫩	-0.516
23	MDA	摩尔多瓦	-0.134	52	ISR	以色列	-0.526
24	IDN	印度尼西亚	-0.140	53	BGR	保加利亚	-0.526
25	CZE	捷克	-0.141	54	EGY	埃及	-0.539
26	HUN	匈牙利	-0.143	55	YEM	也门	-0.575
27	JOR	约旦	-0.181	56	HRV	克罗地亚	-0.577
28	SVK	斯洛伐克	-0.195	57	ALB	阿尔巴尼亚	-0.604
29	SGP	新加坡	-0.205				

第三节　钢铁产能合作的区位选择

一、潜力—风险矩阵构建

本书研究中国与“一带一路”沿线国家开展钢铁产能合作区位选择是基于风险和潜力两个维度，一方面，尽可能寻找风险小、潜力大的合作国；另一方面，也考虑那些在一定风险控制措施下，虽然有高风险，但同时也具有巨大潜力的合作国。在这一思想的指引下，本书尝试构建潜力—风险区位选择矩阵对“一带一路”沿线国家进行区位划分。

本章第二节已对“一带一路”沿线国家的风险进行了测度，潜力—风险区位选择矩阵采用合作中的国家综合风险作为衡量一国风险的指标。中国与沿线国家钢铁产能合作的潜力也已在本书第五章进行了测度，由于合作潜力不仅应该考虑合作的空间大小，也应该考虑合作的规模，因此，本书选用已测算得出的指标合作空间和未开发潜力，并对其进行主成分分析降维处理，得出的指数作为衡量一国合作潜力的指标。在得到“一带一路”沿线国家的风险和潜力的评价指标后，由于两个指标都是主成分分析法处理后的结果，其结果进行了归一化的处理，每个特征值的均值为 0，所以本书构建的二维潜力—风险区位选择矩阵的原点为 0，如图 6-2 所示。

如图 6-2 所示，合作潜力—风险矩阵将本书研究对象“一带一路”沿线 57 个国家分成了四个区域，分别是“低风险、低潜力”“低风险、高潜力”“高风险、低潜力”“高风险、高潜力”区域。

二、钢铁产能合作区位选择分析

根据风险—潜力区位选择的构建规则，本书将钢铁产能合作区位分为四大类，即“低风险、高潜力”地区、“低风险、低潜力”地区、“高风险、高潜

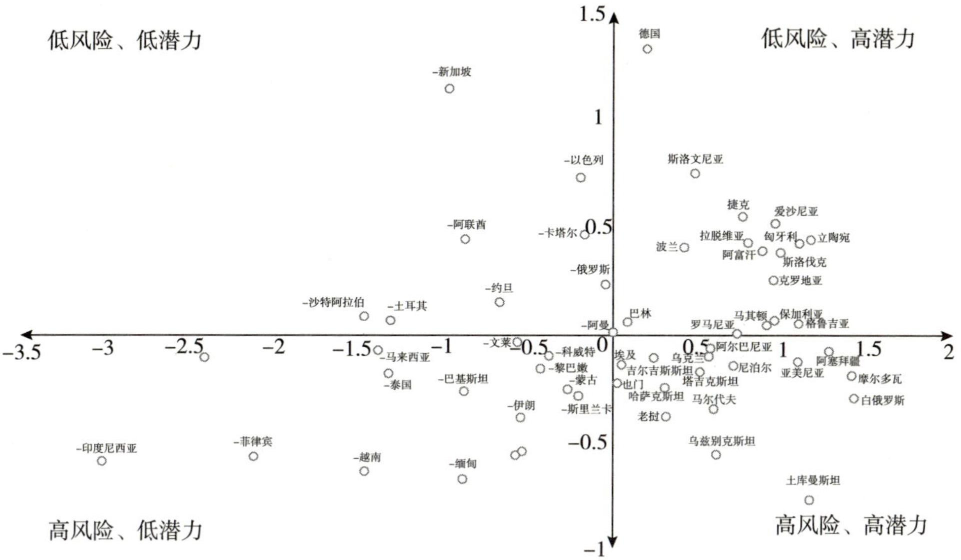

图 6-2 2016 年中国与“一带一路”沿线国家钢铁产能合作潜力—风险矩阵

力”地区、“高风险、低潜力”地区。具体来看：

首先，“低风险、高潜力”的国家和地区主要包括德国、波兰、捷克、格鲁吉亚、罗马尼亚等东欧国家，主要集中在“一带一路”北线，一方面，位于这一区域的国家是中国开展钢铁国际产能合作需要重点争取的对象。这些国家的主要特点是经济发展程度较高，政治体制、社会文化等方面也具有很高的稳定性，中国与这些国家开展国际合作的风险较小。另一方面，位于这一区域的国家普遍集中在“一带一路”沿线的最北边，在地理位置上离中国的距离相对较远，且多属于中小规模的国家，工业化发展程度也较高，在整体上钢铁产能合作潜力的规模不大，但这都不影响这一区位是中国在“一带一路”倡议下应该优先开展钢铁产能合作的国家和地区。由于中国与这一区位国家钢铁产能合作的时间不长，合作基础也较为薄弱，因此，针对这一区位的合作重点应该是在前期积极沟通，加强经贸往来，循序渐进地激发出产能合作的潜力。

其次，“高风险、高潜力”的国家和地区在地理区位上分布较为分散，也是国家数量最多的区位，既包括与中国毗邻的哈萨克斯坦、乌兹别克斯坦、吉尔吉斯斯坦和塔吉克斯坦，也包括独联体国家白俄罗斯、乌克兰等，同时还有埃及以及也门等国，位于这一区域的国家是中国开展钢铁国际产能合作需要积极争取但却要谨慎合作的对象，在合作上具有较高的风险，且这些国家的风险来源也不尽相同，与独联体国家合作的风险主要来源于经济金融风险，与中亚五国合作的风险则主要来源于政治制度风险和人文社会风险，埃及、也门这些与中国地理位置较远的国家，风险则主要来源于地理地缘维度。所以针对位于这些区位的国家，中国开展钢铁产能合作的重点在于有针对性地防范合作中可能出现的风险，同时采用合理有效的合作方式在规避风险的同时最大限度激发合作的潜力。

再次，“低风险、低潜力”的国家和地区仅有九个，包括俄罗斯、新加坡、土耳其和大部分中东地区，位于这一区域的国家在开展钢铁产能合作上的重点是要开拓合作的空间。一方面，因为这些国家的共同特点在于工业化发展进入中后期或已完成工业化，对钢铁的需求量不大，导致其可以扩展的合作空间不足，需要创造新的需求增长点。另一方面，这些国家的经济发展水平较高，政治制度较为稳定，且与中国不存在地缘冲突，所以与其合作的风险很低。不同于“低风险、高潜力”的国家，“低风险、低潜力”国家在地理位置上与中国更接近，且大多拥有较为广阔的国土面积，事实上具备可以扩展的合作空间。因此，对于这一区位的合作重点是创新钢铁产能合作模式，有效地激发和开拓其合作的潜力。

最后，“高风险、低潜力”的国家和地区共有十六个，在地理位置上与中国毗邻，包括东盟大部分国家以及南亚的印度、巴基斯坦、孟加拉等国和西亚的少数国家，位于这一区域的国家是中国开展钢铁国际产能合作需要积极维护的对象。一方面，这一区位包含了与中国钢铁贸易量最大的五个国家——越南、泰国、印度尼西亚、菲律宾和马来西亚，这些国家由于与中国在地理位置上较为接近，且都处在工业化的发展阶段，与中国的钢铁产能合作已经发展到一定的规模，合作的时间也持续了较长的时间，因此，合作潜力已经开发得较为充分，这就导致其缺乏可以扩展的合作空间，相比其他国家不具备潜力上的优势。但是，另一方面，这些国家工业基础好，人口红利多，同时正处在工业化发展的关键阶段，对于钢铁等原材料的需求也较大。所以这一区位的合作重点应是在保障原有合作稳步推进的前提下，积极寻找新的需求增长点，同时要避免合作中产生的不必要风险。

第四节　典型区域国家钢铁需求分析

通过前文对“一带一路”沿线各国开展钢铁国际产能合作的潜力以及风险的测度，本书构建了潜力—风险区位选择矩阵将沿线国家大体分为四个区域，分别是“低风险、高潜力”区域、“高风险、高潜力”区域、“低风险、低潜力”区域和“高风险、低潜力”区域。本节将从这四个区域中分别选择具有代表性的国家，结合“一带一路”倡议下各国的基础设施建设规划内容，分析各区域典型国家未来对于钢铁的实际需求情况。由于钢铁是基础设施建设的重要原材料，“设施联通”又是“一带一路”倡议的重点合作内容，本节将从电力设施、海运、陆运和空运四个方面的基础设施规划对钢铁需求进行分析，本节采用的数据资料来源于《对外投资合作国别（地区）指南》（2017 年版）。

一、“低风险、高潜力”区域

“低风险、高潜力”区域中的国家主要来自东欧，位于“一带一路”北线，这些国家相对于其他沿线国家具有较高的经济发展水平和较为完善的政治制度。典型的国家包括捷克、波兰、罗马尼亚、格鲁吉亚和立陶宛，本节将对这些国家做单独的介绍。表 6-9 总结了这些典型国家在电力、海运、陆运和空运领域的未来发展规划。

捷克与德国、奥地利、波兰、斯洛伐克四国接壤，是位于中欧的一个内陆国家。作为一个传统工业国家，工业在国民经济中占据重要比重，捷克工业产品以出口为主，主要市场在欧盟。此外，捷克的基础设施较为完善，暴力犯罪、恐怖袭击等安全风险也处于较低水平。近年来，捷克逐渐摆脱金融危机的影响，经济前景中期看好。同时，中东欧吸引外资最成功的国家之一，近年来，捷克积极响应并参与“一带一路”建设和“16+1”合作，与中国取得了一系列务实的成果。

表 6-9 “低风险、高潜力”区域典型国家钢铁需求情况

捷克	电力	捷克《新能源战略方案》提出，2016 年底启动现杜科瓦尼与特梅林核电站新反应堆项目招标活动
	海运	发展多瑙河水运
	陆运	新建 D1、D2 与 D3 国际高速公路，新建 R1-R8 国内高速公路网以及 D4R7 环城高速公路网建设；重建泛欧洲通道 IV、V 和 V/b 等主干线（时速 120~160km/h）；建设及翻新泛欧 4、5、6 号铁路走廊，改造现有铁路，将现有铁路时速提至 160 千米的项目（总长 450 千米，已完成 100 千米）；发展郊区铁路网以及铁路组合交通物流中心
	空运	重点建设布拉迪斯拉发、科希策以及博帕德机场
波兰	海运	从发展港口陆上及海滨基础设施、加强港口经济作用以及提高港口客运及货运能力三方面来发展海运
	陆运	根据《2020 年交通发展战略及 2030 年展望》及《2011~2015 年公路建设规划》，波兰将投入 203 亿欧元用于新建和改造相关道路，计划至 2020 年建成 7200 千米高速公路以及快速公路网络。至 2030 年，波兰将完成大部分铁路系统的现代改造，并计划建设覆盖华沙、罗兹等地的高速铁路网
	空运	拟投资 31 亿欧元，建设年吞吐量达 4500 万人的中央机场
罗马尼亚	电力	至 2020 年实现可再生能源在用电结构中 24%的目标，新建切尔纳沃德电站 3、4 号机组等系列项目
	海运	《交通总体规划》，拟投资 20 亿欧元改造港口和河道。公路：《交通总体规划》，拟投资 262 亿欧元新建 1220 千米高速公路，1910 千米快速公路
	陆运	《交通总体规划》，拟投资 137 亿欧元对境内铁路电气化改造更新
	空运	《交通总体规划》，拟投资 13 亿欧元更新机场设施
格鲁吉亚	海运	新建阿纳克力亚港口及配套设施，项目共分七个阶段，建成后年吞吐量达 1 亿，将阿纳克力亚港口打造成连接欧亚走廊的重要交通枢纽
	陆运	公路：新建贯穿格鲁吉亚东西部高速公路。铁路：铺设连接至海港的公路及铁路
	空运	发展高海拔山区国内航线
立陶宛	电力	推动维萨基纳斯核电站、立陶宛—波兰电力联网以及立陶宛—瑞典电力联网项目的开展
	海运	利用欧盟团结基金以及地区发展基金进行码头建设、拓宽港口入口等项目，与此同时，克莱佩达国家海港管理局与立陶宛铁路公司预计合作 12 个项目以提高克港货运及客运能力
	陆运	2014~2020 年，利用欧盟援款建设 E67 洲际公路扩建工程以及维尔纽斯西部环路第三期工程。拟投资 20 亿~30 亿欧元，新建包括 Radviliskis-Pagegial 段铁路基础现代化项目在内的一系列铁路项目
	空运	对现有四大机场分别设有新增航站楼、提升航空服务等规划，将本国机场硬件标准与服务水平提升至其他欧盟成员国水平

波兰北濒波罗的海，西邻德国，南接捷克、斯洛伐克，东临俄罗斯、立陶宛等国，地理位置优越，且硬煤和铜矿资源丰富，其产量能满足欧盟总需求量的10%。波兰凭借优越的地理位置、较大的国内市场、较低的劳动力成本和高素质的人力资源、不断增长的中产消费群体、优惠的投资政策，被投资者视为首选投资目的地和进入欧盟市场的门户。

罗马尼亚位于东南欧巴尔干半岛东北部，北和东北分别与乌克兰和摩尔多瓦为邻，南接保加利亚，西南和西北分别与塞尔维亚和匈牙利接壤，东南临黑海。罗马尼亚自然条件优越，资源丰富，石油和天然气储量居欧洲前列，工业和服务业发展迅速。作为新兴工业化国家，因劳动力、土地、税收等方面优势，成为中东欧地区最有吸引力的投资目的国之一。现阶段，中国对罗马尼亚投资稳步增长，企业数量逐渐增多，能源、交通基础设施、农业和工业园区等领域的合作正有序推进，呈现良好的发展前景，尤其是两国企业关于切尔纳沃德核电站3、4号机组和罗维纳里火电站等能源大项目合作正稳步开展。

格鲁吉亚位于南高加索中西部，北接俄罗斯，东南和南部分别与阿塞拜疆和亚美尼亚相邻，西南与土耳其接壤，西邻黑海。格鲁吉亚经济体量不大，国土面积小，人口少，居民市场购买力不高，但经过多年改革，法律和营商环境相对较好。格鲁吉亚地理位置较为优越、部分优势资源丰富，且与欧盟、土耳其及独联体等国家和地区签署了自由贸易协定，经济发展潜力较大。近年来中格两国贸易额不断增长，中国已成为格鲁吉亚第三大贸易伙伴和主要投资来源国。

立陶宛位于波罗的海东岸，东南邻白俄罗斯，西南是俄罗斯和波兰，地处“一带一路”西端。立陶宛具有独特的地理位置和良好的营商环境，经济形势良好，GDP实际增长3.5%左右，处于欧盟及欧元区成员国前列。目前，立陶宛是中国在波罗的海地区最大的贸易伙伴，中国则是立陶宛在亚洲最大的贸易伙伴。中国在立陶宛的投资合作项目正稳步增加，合作领域不断拓展扩大。

二、“高风险、高潜力”区域

“高风险、高潜力”区域中的国家在地理分布上较为分散，也是拥有最多国家数量的区域，多为与中国相邻或是相近的国家。典型的国家包括白俄罗斯、哈萨克斯坦、乌兹别克斯坦、塔吉克斯坦和吉尔吉斯斯坦，本节将对这些国家做单独的介绍。表 6-10 总结了这些典型国家在电力、海运、陆运和空运领域的未来发展规划。

表 6-10　“高风险、高潜力”区域典型国家钢铁需求情况

白俄罗斯	电力	改造现有热电站，至 2020 年完成戈梅利 1 号热电站建设及改造明斯克 3 号热电站项目
	陆运	《2030 年前白俄罗斯社会经济稳定发展国家战略》明确提出，白俄罗斯在 2016~2030 年的交通领域发展目标为货物周转量增加到 2015 年的 1.2 倍；旅客周转量达到 2015 年的 1.4 倍，刚性路面比例上升至 90%，运输服务出口达到 2015 年的 2.2 倍
哈萨克斯坦	电力	在运营核电站及巴尔哈什热电站的基础上，继续改造现有发电站及电力系统，至 2020 年，实现 100%自行发电满足经济发展需要
	海运	继续扩建注油码头和干货装卸码头及相关水利防护设施。
	陆运	《到 2020 年哈萨克斯坦发展战略规划》规定，2020 年前新建 1400 千米铁路线并完成联通国内各地区干线项目
	空运	《到 2020 年哈萨克斯坦发展战略规划》规定，2020 年使用 15 个机场具有国际民航组织的评级，建立航空运输竞争市场，并运营 4 个国际机场
乌兹别克斯坦	电力	《2016~2019 年水电发展纲要》提出，预计共投资约 89 亿美元，新建 9 个水电站，改造 14 个水电站计划
	陆运	《2015~2019 年道路运输基础设施发展纲要》提出，分别使用共和国道路基金、国际金融机构资金以及共和国道路基金与世界银行基金，新建和改造国家级公路干线和桥梁共计 2700 千米
塔吉克斯坦	电力	“水电兴国”是塔吉克斯坦的基本国策，提倡大力建设水电站，将塔吉克斯坦打造成为地区电力出口大国
	陆运	《至 2025 年塔吉克斯坦共和国交通领域发展国家专项规划》提出，投资 3.46 亿美元进行公路建设；《至 2025 年塔吉克斯坦共和国交通领域发展国家专项规划》提出，投资 58.92 亿美元进行公路建设
	空运	《至 2025 年塔吉克斯坦共和国交通领域发展国家专项规划》提出，投资 2.43 亿美元进行航空领域建设
吉尔吉斯斯坦	电力	推进国内水电项目的发展，至 2017 年，使吉尔吉斯斯坦不仅可实现用电自给，还可向邻国出口
	陆运	在“中亚国家经济合作计划”框架下，拟修复 5 条具有国际走廊意义的公路项目；修复 300 千米路面耐磨层，并对 150 千米公路实施大修，新建 170 千米环形公路。铁路：推动“中—吉—乌铁路”建设
	空运	对奥什以及伊塞克湖等机场升级改造

白俄罗斯是东欧的内陆国家，东及北部与俄罗斯为邻，南部与乌克兰接壤。白俄罗斯的工农业基础较好，工业部门较为齐全，机械制造和加工业发达，有苏联“装配车间”之称。其具有较高的科研和教育水平，劳动力素质相对较高。虽然白俄罗斯是一个内陆国家，但位于欧亚运输走廊的十字路口，是联系独联体国家和欧盟成员国的重要通道。白俄罗斯是中国在欧亚地区和丝绸之路经济带向西延伸的战略支点国家，是共建“一带一路”的坚定支持者和重要参与方，高度认同中方关于共建丝绸之路经济带的理念。

哈萨克斯坦自然资源丰富，有着“能源和原材料基地”之称，已探明矿物 90 多种，是油气生产和出口大国。近年来，依托丰富的自然资源和优越的地理位置，哈萨克斯坦在继续保持能源行业支柱地位的同时，加快发展农牧业、建筑业、交通物流、装备制造等重点产业，打造科技创新、数字经济、金融中心等新的增长点。哈萨克斯坦方面积极响应“一带一路”倡议，双方就加强中国“一带一路”建设与哈方“光明之路”新经济政策对接合作达成重要共识并已取得一批早期收获。

乌兹别克斯坦地处中亚腹地，是世界上最大的内陆国，同时也是古丝绸之路各种文化交汇地。近年来，乌兹别克斯坦经济实现较快增长，2017 年 GDP 同比增长 5.3%，是中亚地区经济发展最快的国家，天然气是其国民经济的主要支柱产业。乌兹别克斯坦是“一带一路”建设重要支点国家。中乌关系处于最好时期，政治互信、互利合作、战略协调全面推进，各领域务实合作不断取得丰硕成果。中国是乌兹别克斯坦第一大贸易伙伴国和第一大投资来源国。中乌市场规模和资源禀赋优势各异，互补性强，潜力巨大，前景广阔。

塔吉克斯坦地处中亚东南部的内陆国家，西部和北部分别同乌兹别克斯坦、吉尔吉斯斯坦接壤，东邻中国，南接阿富汗。塔吉克斯坦政局稳定，市场开放，具备较为完善的经贸法律体系，近年来经济增长总体平稳。塔吉克斯坦在落实能源、交通和粮食安全三大发展战略的同时，致力吸引国外直接投资，取得一定成效。目前中塔政治经贸关系正处于历史最好时期，中国对塔吉克斯坦经贸合作快速发展，规模和范围逐步扩大，合作水平不断加深。

吉尔吉斯斯坦地处中亚腹地，北边与哈萨克斯坦相接，西边则为乌兹别克斯坦，西南为塔吉克斯坦，东边紧邻中国。塔吉克斯坦是中国的友好邻邦，两国有着1000多千米的共同边界。近年来，中国继续保持吉尔吉斯斯坦最大贸易伙伴国、最大投资来源国地位。在吉尔吉斯斯坦投资和经济合作项目涵盖交通、通信、电力、矿产资源开发、农业等经济社会发展主要领域，规模水平不断提升。近些年吉尔吉斯斯坦政局较为稳定，经济保持持续发展。吉尔吉斯斯坦地处欧亚枢纽，是世界贸易组织、独联体和上海合作组织、欧亚经济联盟等多个国际组织成员，积极响应建设丝绸之路经济带倡议。

三、“低风险、低潜力”区域

尽管“低风险、低潜力”区域中的国家数量最少，但整体发展水平是所有区域中最高的，这些国家的工业发展或进入中后期或已完成工业化。典型的国家包括俄罗斯、土耳其、新加坡、以色列和沙特阿拉伯，本节将对这些国家做单独的介绍。表6-11总结了这些典型国家在电力、海运、陆运和空运领域的未来发展规划。

表6-11 “低风险、低潜力”区域典型国家钢铁需求情况

俄罗斯	陆运	俄罗斯计划从国家福利基金中拨划140亿美元，用于新建莫斯科州中央环线公路；《2030年前俄罗斯交通运输发展规划》明确，发展高速铁路是俄罗斯基础设施建设的重点方向之一，并具体推进改造贝阿铁路和跨西伯利亚铁路、新建莫斯科—喀什高速铁路、新建阿穆尔—贝加尔和跨西伯利亚大铁路等一系列相关项目
	空运	《2013~2025年俄罗斯航空发展规划》提出，拟投资540亿美元发展航空工业
土耳其	电力	启动第三核电站项目招标工作，建设大批量煤电站以及水电站
	海运	至2019年至少建成一个世界十大港口，并在爱琴海等地新建转运港，在全国新建100个码头
	陆运	至2023年建成总长为3.65万千米双车道、7500千米高速公路以及7万千米沥青公路；至2023年建成总长2.5万千米的铁路网，客运、货运比例提升至10%、15%，将现有铁路连接到全国主要港口
	空运	投资1.6亿美元，建设一个空中交通导航控制中心，投资9.37亿美元，在5个国际机场建设6个接待能力超过5000万人次/年的航站楼；投资221.52亿欧元，建设伊斯坦布尔第三机场（迄今全球最大机场）

续表

新加坡	海运	在丹戎巴葛地区新建港口与滨海新城
	陆运	2011 年推出轨道交通建设规划，未来投资达 500 亿；2013 年宣布在 2030 年前将地铁网由 178 千米扩大至 360 千米；2013 年 2 月，新马初步协议，修建新加坡至吉隆坡高速铁路，全长 356 千米，总投资超 150 亿美元
	空运	2012 年规划扩建樟宜机场计划（机场面积扩容、增设航站楼、新增机场跑道、加强飞机保养、维修和翻新服务等）
以色列	电力	逐步开放电力行业，逐步形成发电环节自由竞争，输电环节寡头垄断，供电环节地区垄断的局面
	陆运	将发展先进的铁路系统作为国内首要任务之一，推出复建并新建境内铁路线项目
沙特阿拉伯	电力	至 2030 年，新建 16 座核电站，所需投资近 1000 亿美元，并生产 950 万千瓦可再生能源电力
	陆运	2013~2023 年，投资 450 亿美元建设全国铁路网，包括新建 6 条铁路干线，共计 7000 千米
	空运	启动利雅得哈立德国王国际机场项目，新建 5 号航站楼，扩建 4 号航站楼，每年飞机起降由 1200 万架次提升至 3500 万架次

俄罗斯横跨欧亚大陆，领土包括欧洲的东部和亚洲的北部，是世界上国土面积最辽阔的国家。作为苏联最大的加盟共和国和政治经济核心，独立后的俄罗斯资源丰富，科技发达，经济发展稳定，在国际事务中依然发挥着重要作用。在独联体国家中，俄罗斯国内基础设施建设水平最高，对国内交通运输的未来发展有明确规划，但在内河航运、空运铁路运输、民航机场设计和维护以及公路铺设等邻域限制外资进入（王晚晴，2017）。

土耳其文化积淀深厚，地理位置优越，处于亚洲、欧洲两大洲的交界处，港口、机场、公路、铁路、油气管线等基础设施完善，已成为区域至关重要的产品、服务、人员、技术集散地。土耳其政治、社会总体稳定，经济高速发展，投资环境日益改善。土耳其是与中国共建“丝绸之路经济带”和“21 世纪海上丝绸之路”的重要合作伙伴。与中国发起的“一带一路”倡议相呼应，土耳其发起了“中间走廊”倡议，宗旨之一是促进亚欧区域经济合作。

新加坡是一个美丽的花园城市国家，位于马来半岛南端、马六甲海峡出入口，处于“海上的十字路口”，地理位置优越。新加坡是亚太地区重要的贸易、金融、航运中心，同时也是区域基础设施建设和科技创新中心，在地区事务中发挥着重要作用。新加坡是中国第一大外资来源国和第三大对外投资目的国，在“一带一路”建设中发挥了重要的平台支点作用。2017 年新加坡对华投资占“一带一路”沿线 60 多个国家对华投资总额的 85%，中国对新投资占中国对“一带一路”沿线国家投资总额的 29%。两国在基础设施、矿业开发、园区建设等领域取得了成绩。

以色列位于亚洲最西端，地处地中海东南沿岸，北靠黎巴嫩、东临叙利亚和约旦、西南则为埃及。以色列属于混合型经济体，工业化程度较高，以知识密集型产业为主，高附加值农业、生化、电子、军工等部门技术水平较高。以色列总体经济实力较强，竞争力居世界前列。陆、海、空运输业发达。其中，陆地运输的货物占一半，船舶和航空运输的货物各占 1/4。全国公路通车总里程为 18096 千米，铁路总长度为 1001.4 千米。主要港口有海法、阿什杜德和埃拉特。

沙特阿拉伯位于亚洲西南部的阿拉伯半岛，是中东最大的经济体和消费市场，是世贸组织、石油输出国组织和 20 国集团成员国，其在中东地区乃至世界范围内的政治、经济和宗教领域发挥着举足轻重的作用。沙特阿拉伯拥有丰富的油气资源，素有“石油王国”之称，石油储量和剩余可采量均居世界首位。近年来，中沙两国战略友好关系提升，双边经贸合作实现了快速发展。沙特阿拉伯已经成为中国在西亚非洲地区最大的贸易伙伴国、最重要的海外原油供应国和最具发展潜力的承包工程市场。

四、“高风险、低潜力”区域

“高风险、低潜力”区域中的国家大多与中国毗邻并处在工业化发展后期，是所有区域中工业生产能力最强的，这些国家在产业结构上与中国存在竞争关系。典型国家包括泰国、越南、菲律宾、缅甸和印度尼西亚，本节将对这些国家做单独的介绍。表 6-12 总结了这些国家在电力、海运、陆运和空运领域的未来发展规划。

泰国地处中南半岛中部，西部与北部和缅甸接壤，东北边是老挝，东南是柬埔寨，南边狭长的半岛与马来西亚相连。随着中泰两国政治互信不断加深，在中国—东盟自贸区建成并不断深化，以及在“一带一路”倡议全方位推进的大背景下，两国经贸合作已进入历史最好时期。据中国商务部统计，2017年，中国在泰国投资额达到 10. 58 亿美元。

表 6-12　“高风险、低潜力”区域典型国家钢铁需求情况

泰国	海运	拟投资 12 亿美元新建 6 个港口，并实施流域治理项目
	陆运	2014 年批准了《2015~2022 年交通基础设施战略规划》，拟投资 145 亿美元新建和修复 14 条双轨铁路线，并更新铁路基础设施；投资 250 亿美元修建 4 条高铁；投资 160 亿美元修建 13 条城市交通线路；投资 50 亿美元修建高速路及农村道路
	空运	拟投资 5 亿美元改造曼谷素万那普机场
越南	海运	扩大对于港口以及关键经济区的投资，至 2020 年将越南海运市场份额提升至 21. 25%
	陆运	《至 2020 年铁路发展规划》指出，越南优先发展公共交通和关键交通基础设施，拟建设 6000 多千米高速公路（至 2020 年建设 2235 千米，2020 年之后建设 3518 千米），至 2020 年将越南陆路货运量 54. 4%、客运量增长 93. 2%
	空运	增加廉价航空市场份额，以促进国内航空货运
菲律宾	海运	推行海上高速公路系统，新建连接全国各主要岛屿的滚装船（R0-R0）码头
	陆运	计划推行“全国交通政策（National Transportation Policy，NTP）”，建设战略性交通设施以及物流、运输体系，建造全国多个物流走廊
	空运	扩张航空服务
缅甸	电力	兴建仰光、实皆、伊洛瓦底以及德林达伊四省燃煤火力发电站（外资可进入）
	陆运	改造仰光环城铁路；改造 640 千米仰光—曼德勒铁路
印度尼西亚	海运	建设“海上高速公路”中确定 2015~2019 年投资 4000 亿美元进行交通以及港口等重点项目建设。印度尼西亚政府对外资保持积极态度，鼓励外资参与本国基础设施建设

菲律宾位于亚洲东南部，北隔巴士海峡与中国台湾遥遥相对。中菲经济互补性强，都有发展经济、削减贫困的共同目标，双方在农业、能源、制造业、基础设施建设、旅游等领域有很大的合作空间。菲律宾具有人力资源素质高；内需市场前景广阔；资源能源蕴藏丰富；对美欧市场的辐射大等优势。

越南位于中南半岛东南端，三面环海，其地形狭长，略呈 S 形，自然环境优越，资源矿产丰富，其中，煤炭、铁矿、铝土矿、铜矿、稀土等储量丰富。近年来，中越经贸合作稳步发展，越南连续两年成为中国在东盟国家中的最大贸易伙伴。中越经贸合作也存在一些突出问题，主要体现在以下四个方面：一是中越边境贸易存在双方边贸政策不统一，口岸及边民互市点管理欠规范，基础设施较落后；二是越南采取贸易保护措施频率加大；三是两国海关部门双边贸易额统计存在很大差异；四是纺织品、钢铁、水泥等部分产业趋于局部饱和，部分地区土地、劳动力等要素成本水涨船高。

缅甸位于中南半岛西侧，西南临安达曼海，西北与印度和孟加拉国为邻，东北靠中国，东南接泰国与老挝。缅甸经济发展相对落后，是以农业为主的国家，农业人口比重超过 60%。缅甸工业基础薄弱，水、电、公路、铁路、港口等基础设施不足，制约了经济的进一步发展，但矿产资源、森林资源、水力资源和海洋资源丰富，为其未来经济发展提供了良好基础。近年来，中缅两国经贸合作全面深入，中国一直是缅甸第一大投资来源地、第一大贸易伙伴和最大的出口市场，在贸易、经济技术合作、工程承包和投资等方面对缅甸有着重要影响。在“一带一路”倡议推动下，中缅两国贸易和投资增长迅速，铁路、公路和电力互联互通以及其他基础设施项目合作正在稳步推进。

印度尼西亚位于亚洲东南部，与巴布亚新几内亚、东帝汶和马来西亚等国家相接。作为全球最大的群岛国家，印度尼西亚地跨南北两个半球、横卧两洋两洲，扼守马六甲海峡、巽他海峡、龙目海峡等重要的国际贸易航道。印度尼西亚是“21 世纪海上丝绸之路”首倡之地，据印度尼西亚官方统计，中国已连续三年成为印度尼西亚第三大外资来源地，2018 年中国对印度尼西亚直接投资达 24 亿美元，占当年印度尼西亚吸收外资总额的 8.2%，中国已连续多年保持印度尼西亚第一大贸易伙伴，同时印度尼西亚是中国企业长期开展工程承包的前十大海外市场之一。

第五节　本章小结

本章基于多维动态距离构建了多维国家风险评价指标体系，测算出了沿线各国的综合国家风险、经济金融风险、社会文化风险和地理地缘风险。同时结合综合国家风险和产能合作潜力构建合作潜力—风险区位选择矩阵，将沿线国家划分为“高潜力、高风险”“高潜力、低风险”“低潜力、高风险”和“低潜力、低风险”四个细分区域，并对产能合作区位进行选择分析。同时本章测算出沿线各东道国的合作潜力和合作风险，为中国开展钢铁产能合作提供了具体的量化指标。

本书对中国与“一带一路”沿线国家开展钢铁产业国际产能合作有以下五点启示：一是北线国家的风险要显著低于南线和中线的国家，这是由其经济发展水平较高决定的；二是对“低风险、高潜力”区域的国家，应该在前期积极沟通，加强经贸往来，循序渐进地激发出产能合作的潜力；三是对“高风险、高潜力”区域的国家，重点在于有针对性地防范合作中可能出现的风险，同时采用合理有效的合作方式在规避风险的同时最大限度地激发合作的潜力；四是对“低风险、低潜力”区域的国家，合作重点是创新钢铁产能合作模式，有效地激发和开拓其合作的潜力；五是对“高风险、低潜力”区域的国家，合作重点应是在保障原有合作稳步推进的情况下尽可能避免合作中产生的不必要风险。

第七章 钢铁产能合作国际比较与经验借鉴

通过前文对中国与“一带一路”沿线国家产能合作的影响因素、潜力、风险以及区位选择问题的研究，我们得到了一系列相关结论能为中国有效开展钢铁国际产能合作提供理论依据。然而，如何在实践中有效推进中国钢铁产业的产能合作进程，还需要借鉴国外的成功经验。本章对比分析了美、日两国在20世纪与世界各国开展钢铁国际合作的具体方式，并以此为借鉴同时结合中国开展钢铁国际产能合作的现实背景提出了针对性的建议。

第一节 美、日产能转移的经验借鉴

一、产能转移是产能合作的一种重要方式

国际产能合作是一种国际产业转移与对外直接投资相结合的新模式，它强调合作国产业间的互通有无、调剂余缺和优势互补（郭朝先等，2016）。狭义的国际产能合作是指产能转移，推动国际产能合作就是要利用经济规模和巨大的潜在需求，通过对外投资及经济技术合作实现国家间的产能转移和产业梯次升级，主要强调过剩产能输出（曲凤杰，2016）。广义的国际产能合作是指不同国家利用各自在技术、资本、资源等方面的优势开展合作，是一种典型的共

生关系，前提是产业链上的互补和耦合，更强调互利共赢（张洪和梁松，2015）。可见，产能转移是产能合作的一种重要方式。但是也有西方学者将中国倡导的产能合作解读为输出过剩产能，和20世纪70年代发达工业国家向发展中国家输出劳动密集型低端制造业构建不合理国际分工等同。然而从当前的全球形势来看，中国推动的国际产能合作与简单的转移过剩产能有着本质的区别。国际产能合作的基础是平等、互利、共赢，是两个存在意愿和需要的国家或地区之间进行产能供求跨国或跨地区配置的联合行动。事实上，国际产能合作符合国际产业发展的基本规律，英、美、日等国在其工业化进程中都曾推动过国际产能转移。由于现阶段国际产能合作的概念还处在萌芽阶段，因此，国际上主流的产能合作主要还是指产能转移。在产能合作还缺乏实际经验的现阶段，从美、日等发达国家推动产能转移的过程中汲取宝贵的成功经验，同时创新中国金属产业国际产能合作模式，具有一定的现实意义。

二、美、日产能转移的两种模式

美、日作为世界的工业强国，在工业化进程中也曾面临过钢铁产业（钢铁）结构性矛盾的问题，通过推行国际产能转移战略，美、日两国有效地化解了这一问题，并形成了两种典型的国际产能转移模式：基于产品生命周期理论的“比较优势”产业转移模式和基于边际扩张理论的日本“边际产业转移模式”（董小君，2014）。

20世纪初，随着第三次技术革命浪潮，冶炼技术取得了重大进步，在此期间原钢冶炼成本下降了80%~90%，每吨钢轨的价格也从1865年的165美元下降到1898年的18美元。钢铁冶炼技术突飞猛进使美国钢铁工业生产力出现爆炸性增长，1870年美国钢材总量还不足7万吨，到1910年达到惊人的2609.5万吨，40年时间增长了372倍，年均增长率达到了15.9%（贾根良和杨威，2012）。20世纪50年代，又随着美国基本完成工业化，其国内钢铁需求下降，加之“二战”结束，德、日等战败国面临着大量基础设施重建，因此，在当时第二次国际产业转移浪潮中，美国钢铁产业向日本、德国进行了大规模国际产能转移，虽然这些国家在地理位置上与美国相距甚远，但它们工业基础好，且战后重建对钢铁需求大。美国是基于“比较优势”理论的转移模式，从美国经验来看，只有其产品相比其他国家具有质量上的比较优势，其他国家与美国相比具有劳动力成本的比较优势，转移才能发生，转出国必须具备持续不断的创新能力。然而，一旦产能承接国掌握了先进技术抑或是美国缺乏持续不断的技术创新，这种转移即会终止。美国钢铁产能转移的目的一方面是有效化解国内过剩的产能，另一方面则是通过技术优势获取垄断利润（Davis & Irwin，2008）。

战后日本工业化的快速发展走出了一条与美国截然不同的产能转移道路（见表 7-1），20 世纪 70 年代正值第三次国际产业转移浪潮，日本开始致力于发展高附加值、低能耗的技术密集型产业，此时“重、厚、长、大”型的钢铁产业在日本国内已处在比较劣势的地位。为了回避产业劣势，集中精力发展新兴产业，从 1972 年开始，日本的钢铁产业逐步向中国及其他东盟国家转移，虽然这些国家工业基础差，但在地理位置上与日本接近。恰逢此时被称为亚洲“四小龙”的新兴工业经济体正在发展重化工业，它们除了积极承接来自日本的钢铁产能外，还将本国劳动密集型的产业转移到一些东盟国家，由此形成了产业的梯次转移结构。日本钢铁产能转移的目的与美国也截然不同，主要是寻求更丰富的自然资源和更低廉的生产成本。其基于“边际理论”的产业转移模式的前提是转移的产业在转出国应属于处于比较劣势的“边际产业”，相反该产业在产能的承接国应属于比较优势顺序前端的产业，形成产业的梯次转移。同样地，随着钢铁产能的承接国工业化进入中后期，钢铁产业逐渐沦为其“边际产业”，不会再承接其他发达国家的过剩产能；反之，它会选择工业化相对落后的国家成为它自己过剩产能的承接国。日本作为一个资源相对匮乏的国家，其转移具有明显的资源导向，“边际产业”转移模式不仅有效地避免了产业劣势，也获得了更低的资源消耗和生产成本。

表 7-1　美、日钢铁国际产能转移比较

特征	美国	日本
所处工业化阶段	工业化后期	工业化中后期
国际转移时间	20 世纪中期	20 世纪 70 年代
特殊历史事件	“马歇尔计划”	第三次国际转移浪潮
钢铁产量全球占比（%）	42.79	15.71

续表

特征	美国	日本
钢铁产能状况	国内相对过剩	国内相对过剩
转移地区	日本、德国	中国、韩国
钢铁产业特点	铁矿储量大，进口量大	原材料贫乏，依靠进口
转移模式	“比较优势”转移模式	“边际产业”转移模式
转移路径	从优势产业开始	从边际产业开始
转移主体	大型跨国企业	跨国企业
转移目的	垄断利润；占领市场	获取自然资源
贸易类型	逆贸易型	顺贸易型
经营方式	独资模式	东道国合资模式

三、美、日产能转移的经验借鉴

虽然美、日推动的国际产能转移是截然不同的两种模式，但却可以总结出三条共性规律：一是基本完成工业化进程是钢铁产业产能转移的前提条件。美国钢铁产能转移发生在20世纪中期，事实上，早在19世纪末20世纪初，美国就已基本完成工业化。然而由于当时正值两次世界大战这一特殊历史时期，致使美国直到“二战”结束后其钢铁工业才开始逐步向德国、日本转移（韩爽和李凯，2005）。同样，日本在20世纪70年代完成工业化后，钢铁工业开始向中国和韩国转移（Jorgenson et al.，1987）。二是钢铁产能位居世界前列是产能转移的基础。1910~1970年，美国钢铁产量始终占据世界第一的位置，其钢铁产业进行大规模国际转移就发生在1950年。同样地，日本在1970~1996年钢铁产量位列全球第一，从其钢铁产能达到顶峰开始，日本就对其国内钢铁产业进行大规模转移。三是特殊历史事件是产能转移的推手。美国的钢铁产能转移发生在第二次世界大战之后，大多数国家都面临大规模的战后重建，钢铁的需求量发生了井喷式的增加。日本的钢铁产能转移发生在20世纪70~80年代，此时，新兴国家正在加快工业化进程，对钢铁的需求也在不断增加。

此外，在推动钢铁国际产能转移的过程中，美、日还有三点值得学习的经验：一是美、日均充分利用有利的国际地缘政治背景。美国利用战胜国优势向战争需要重建国（战败国）输入技术与资本，转移过剩产能，转移的目标国涵盖欧亚大陆。日本则利用地缘政治和中国等东南亚新兴工业化国家开始加速工业化的机遇，其产能输出的国家都是在地理上与其相邻的国家。二是采用“资本输入+技术输入”的方式带动产能的梯度转移。美、日在转移其钢铁产能时都同时具有资本和技术的优势，采用以跨国公司为主导的模式，通过对东道国的直接投资建厂，将具有比较优势的钢铁产品迅速打入本地市场，有效地输出了国内的过剩产能。三是在国际产能转移过程中坚持“退而不衰”的战略。尽管美、日等发达国家完成工业化进程后，钢铁消费量从顶峰滑落，但受庞大 GDP 总量、较高人均年收入和较强居民消费的支撑，钢铁消费量仍然维持在较高水平，美、日依旧是世界钢铁强国。其原因在于钢铁作为工业的基础，在国民经济发展和国防建设中都发挥着至关重要的作用，出于战略考虑，即便钢铁工业逐渐被边缘化，政府仍然希望保有完整的钢铁工业（陈万钦和霍小龙，2015）。

第二节　中国钢铁产业国际产能合作模式创新与对策建议

从美、日的经验来看，中国钢铁产业已具备开展国际产能合作的先决条件，一是已成为世界上最大的钢铁生产国和消费国，二是已经进入工业化的中后期，三是“一带一路”倡议提供了重要的历史机遇。然而，现阶段中国面临的外部环境较美、日相比更加复杂，钢铁产业面临的状况也不尽相同，中国的过剩产能和技术优势主要在产业的中、低端，所以不能照搬美、日的模式，要在借鉴其成功经验的基础上进行模式创新。

一、钢铁产业国际产能合作模式创新

钢铁产业产能合作是“一带一路”背景下中国钢铁产业寻求国际合作的新模式，它既不同于美国的“比较优势”产能转移模式，也有别于日本的

“边际产业”产能转移模式，而是结合这两种传统模式的特点和中国现状的一种模式创新。它的创新之处在于以下三点：

（一）以产能合作实现产能转移

美国产能转移为获取垄断利润，日本产能转移为获取自然资源，而产能合作是一种双向互利的合作方式。可以互通有无的产能合作显然比传统的贸易方式更受欢迎。在产业上存在互补的国家之间开展产能合作，可以充分利用两国的资源和市场，同时减少长距离、大规模贸易带来的浪费。中国将富余的钢铁产能转移到缺少相应产能的国家，一方面，可以填补当地市场需求，推动东道国相关产业的发展；另一方面，还有利于降低基础设施建设成本，扩大内需、增加就业从而促进当地的经济发展，提升工业化水平。

（二）以产能输出取代产品输出

由于钢铁产品出口会挤占他国市场，在全球经济形势放缓的背景下，大规模低价出口还会导致国际上针对中国钢铁材料反倾销的措施不断增加。随着压价竞争和“双反”现象的加剧，单纯依靠钢铁产品出口，不仅国际贸易环境不允许，国内也面临诸多问题。政府对环境标准的提高，各地对能源消耗的限制，同时还包括出口退税的取消，大大降低了钢铁材料出口的收益。以产能输出取代产品输出，一方面，可以将富余产能转移到国外从而实现优势互补和互利共赢；另一方面，还可以将“出口产品”转化为“本地产品”，以此规避国际贸易中带来的摩擦和风险（王义桅，2016）。

（三）以基础设施援建消化部分产能

多数“一带一路”沿线国家处于工业化中初期阶段，受限于本国的经济实力，基础设施相对落后。这些国家对发展基础设施建设极度渴求，因为基础设施建设能为本国经济发展带来“造血”功能。钢铁资源是基础设施建设中的重要物质材料，中国可以利用自身在资金、技术、劳动力等方面的优势，对沿线国家进行交通、电力等特定基础设施援建。一方面，通过援建可以直接消化钢铁产业部分富余产能；另一方面，通过援建改善交通环境从而间接促进产能的消化。

二、钢铁产业国际产能合作策略

中国开展钢铁产业国际产能合作应以解决钢铁产业实际问题为导向，同时参照美、日的成功经验并结合中国钢铁产业实际情况展开。在具体的实施策略上，建议采取以下八项策略：

（一）充分利用“一带一路”的战略合作关系

随着“一带一路”战略的推进，传统地缘政治所指的边缘地带如今已成为连接欧亚的枢纽、互联互通的要冲。然而由于牵涉的国家众多，各自发展差异巨大，虽然“一带一路”统一的机制化建设较难，但区域、次区域机制化可以先行。事实上，“一带一路”覆盖的欧亚大陆诸国正逐渐被纳入以中国为核心的经济和地缘政治体系中，这是“一带一路”战略带来的得天独厚的优势。中国钢铁企业应充分利用这样一层地缘政治关系，先与周边具有产业互补性的国家开展产能合作形成局部区域合作，再逐步向外扩张达到全区域合作的目的。

（二）实施低端转移高端做强的战略方针

美、日在进行大规模钢铁产能国际转移之后仍然保有完整的钢铁工业，同时根据国家的需要，大力研发新技术、新产品，做强高端领域，至今美、日仍然是世界的钢铁强国。钢铁产业作为国民经济的基础产业，关系到经济发展和国家安全。中国钢铁产业长期面临中低端产能过剩、高端产能大量依赖进口的窘境，在国际产能合作过程中，一方面，要转移国内富余的中低端产能，化解产能过剩现象；另一方面，通过合作学习吸取他国的先进技术，着力开发和发展高端的产能，提高中国钢铁资源产业的国际竞争力。

（三）全方位开放和深化合作

支持国内企业与境外科研机构、高校、科技型企业共同组建研发中心，全面提升产业水平，特别是在高端制造、装备智能化、新材料领域开拓国外市场。同时以项目为依托，带动产业链上下游企业，从设计、工程建设、生产、先进设备以及标准、服务等全产业链输出，全面提高国际化经营管理水平，逐步主导产业链全球治理。

（四）采用“集群式”出海的发展模式

钢铁工业在走出去过程中应注重形成合力，推动钢铁工业与上下游及相关产业，例如，节能环保、金融、物流、工程设计、资源综合利用、贸易等“协作式”走出去。“协作式”走出去方式更容易获得资金支持，也有助于企业在投资决策中合理规避海外投资可能涉及的经济、政治和法律风险。因此，钢铁企业在“一带一路”国际产能合作过程中，可通过推动上下游及相关产业联合，实现“协作式”走出去。

（五）制定顶层设计和长远规划

相关部门应做好规划、加强协调、完善政策、改善服务等一系列工作。首先，要制定好“一带一路”钢铁国际产能合作中的长期战略规划，给企业提供明确导向，避免一哄而上、无序竞争。其次，与相关国家加强沟通与协调，增进互信，构建紧密务实的伙伴关系，探讨建立长效合作机制。

（六）遵循“九化”协同的发展方式

在减量发展阶段，应不断推进中国钢铁工业高水平的绿色化、有序化、品质化、标准化、差异化、服务化、智能化、多元化、国际化“九化”协同发展；在供给侧结构性改革的推动下，引导钢铁企业转型升级，加大对创新型钢铁企业的支持力度，提高有效供给水平，满足中国制造业强国、创新型国家建设以及“一带一路”沿线国家建设对钢材产品的需求。

（七）优化布局，扶优扶强

全面掌握市场机会、充分了解投资环境，先期重点推动国内先进装备、产品、技术走出去。鼓励和支持优势企业在资源丰富、基础设施良好、政治环境稳定地区积极掌控铁矿资源和布局钢铁生产基地，探索通过收购、兼并、联合等方式组建跨国钢铁公司。吸取近年来境外投资项目的经验教训，做好项目投资风险防控。以企业为主导，依照商业原则，灵活运用境外经贸园区、工程总承包、第三方合作等多种“出海”模式，在“一带一路”沿线重点地区有序实施一批重大合作项目，做好国内产能与国外市场的对接，注重与当地政府和企业互利合作，创造良好的经济和社会效益，实现互利共赢、共同发展。培养一批国际化高端人才服务团队，保障走出去项目顺利实施。

（八）大力鼓励民营资本参与

国家层面应完善对外直接投资和国际产能合作的立法和保障制度，推动民营企业参与国际产能合作，同时加强顶层设计，有序引导民营企业参与国际产能合作。此外，还必须加大政策引导和支持力度，加强信息服务和人才扶持，多种渠道综合解决民营企业国际产能合作的融资困难，提升民营企业参与国际产能合作的积极性和竞争力。

第八章　研究结论与展望

国际产能合作是在“一带一路”倡议背景下提出的化解产能过剩的一种新模式，学术界的相关研究还刚刚起步。本书以国际产能合作的重点产业之一钢铁产业为研究对象，结合国内钢铁产业发展的现实状况，在梳理国际产能合作相关理论的基础上，从地理距离、经济距离、文化距离和制度距离四个维度构建多种模型，研究中国与“一带一路”国家钢铁产能合作的影响因素与影响机制，测度中国与“一带一路”沿线国家开展钢铁产能合作的潜力与风险，探讨中国与“一带一路”沿线国家开展钢铁产能合作的区位选择等问题，得出了一些有意义的结论，并由此得到了一些很重要的政策启示。由于与现有研究相关的公开发表的成果还非常缺乏，所以部分研究尚属于探索性工作，受个人学识水平和研究条件的局限，目前所完成的工作也还是相当初步的。

第一节　研究结论与政策启示

一、研究结论

本书围绕多维动态距离如何影响中国与沿线国家开展钢铁产能合作、中国与沿线国家开展钢铁产能合作的潜力大小、中国与沿线国家开展钢铁产能合作的风险甄别、中国与沿线国家开展钢铁产能合作的区位选择等几个关键问题展开研究，得出了以下有意义的结论：

第一，“一带一路”倡议为化解中国钢铁产能过剩提供了重要机遇，国际产能合作是在这一倡议下化解中国钢铁产能过剩的新路径。

随着全球经济发展放缓，金属资源国内需求结构变化，资源约束压力、钢铁产能过剩等问题更加突出，而美国对中国钢铁“双反”调查不断升级，美国举着贸易保护大棒步步紧逼。在这种背景下，如何通过国际产能合作化解中国钢铁产能过剩是急需解决的一个现实难题。本书研究认为，国际产能合作契合“一带一路”的合作共赢精神，是升级版中国“走出去”。在中国钢铁产业面临“内忧、外患”的双重窘境现状下，以国际产能合作为抓手，探讨中国钢铁产业“走出去”战略是化解钢铁产能过剩的新路径。

第二，国际产能合作是一个复杂的问题，中国与“一带一路”国家的钢铁产能合作要综合考虑地理、经济、文化和制度等多重因素的影响。

“一带一路”沿线国家经济发展不平衡，资源禀赋不同，社会制度以及文化差异较大，这就决定了其合作的条件、合作的潜力和合作的方式不一样。本书研究认为，由于钢铁产业国际产能合作受地理距离、经济距离、制度距离和文化距离的共同影响。因此，应当避免以往从单一维度进行建模分析带来的不足，融入“一带一路”倡议的“五通”思想，从地理距离、经济距离、文化距离和制度距离四个维度构建动态分析模型，探讨中国与“一带一路”沿线国家的钢铁产能合作。

第三，在中国与“一带一路”沿线国家开展钢铁产能合作过程中，地理“硬距离”的影响正在逐渐被弱化，而经济、文化、制度等“软距离”的影响正在加强。

从本书全样本的实证回归结果分析可以看出，在中国钢铁产业与“一带一路”沿线国家开展国际产能合作中，地理距离的影响正在逐渐弱化，说明地理距离已不再是阻碍中国与沿线国家间钢铁产能合作的主要因素；经济距离对于中国与沿线国家开展钢铁产能合作具有显著的正向推动作用，说明中国对于经济距离较大的国家具有钢铁产能转移的梯度优势；制度距离和文化距离对于中国与沿线国家开展钢铁产能合作有显著的负效应，说明制度差异以及文化差异越大越不利于双方合作。

第四，实证分析表明，多维动态距离的“四种距离”对中国与“一带一路”不同线路上国家开展钢铁产能合作的影响不同。

从分线回归的实证结果分析来看，中国与“一带一路”三条不同线路上国家开展钢铁产能合作，其受到的关键影响因素是不尽相同的。南线国家主要受文化距离的制约，中线国家更多地受经济距离的阻碍，北线国家则是受经济距离和制度距离的共同影响。分线回归结果同时也表明，三条线路上的钢铁产能合作受地理距离的影响均不明显。这一结果再次验证了“地理距离”在国际产能合作中的影响在下降，同时也说明中国在与沿线国家开展钢铁产能合作时，应当根据不同沿线国家的经济、制度、文化特性，制定不同的应对策略。

第五，中国对沿线国家钢铁出口效率随着“一带一路”倡议的实施不断提升，且中国与沿线国家开展钢铁产能合作的潜力仍然很大。

从随机前沿引力模型的测算结果来看，2000~2016 年中国与“一带一路”沿线国家的贸易效率始终保持增长趋势，2016 年的平均效率达到了 50.85%，加权后的效率达到了 69.38%。数据还显示，中国与沿线国家钢铁产能合作还存在很大的合作空间，特别是北线国家，未开发潜力高达 63.96%。上述结果表明，“一带一路”倡议的实施有效地推动了中国钢铁出口效率，同时为中国钢铁产业开展产能合作打开了战略空间，通过充分激发与沿线国家的合作潜能可以进一步化解国内钢铁产能过剩难题。

第六，与“一带一路”沿线国家存在产能合作风险，不同沿线国家和地区的合作风险不同。

从对与沿线国家合作的综合风险测算结果来看，大部分沿线国家都具有较高的合作风险，其中，北线的发达国家如德国、新加坡、斯洛文尼亚等国的合作风险要明显低于南线的不发达国家如缅甸、越南、菲律宾等国。从整体合作风险类型来源来看，地缘地理风险和政治制度风险是中国与沿线国家开展产能合作中的最大风险来源。从风险分布情况来看，中线的独联体等国家具有较高的经济金融风险；中亚和西亚的大部分国家和地区具有很高的政治制度风险；东南亚和独联体大部分国家的社会文化风险较高；中东和北欧部分地区则有很高的地缘地理风险。这就表明，中国与沿线国家开展钢铁产能合作要针对不同国家的不同风险来源制定相应的风险防范策略。

第七，选择国际产能合作对象国要综合考虑合作潜力和合作风险两个关键因素，沿线国家的区位选择可以划分为四种类型。

本书研究认为，在分析钢铁产业国际产能合作区位选择的问题上，应综合考虑合作潜力与合作风险，即在提高合作潜力的同时尽可能降低合作风险。测算结果表明，“一带一路”沿线57个样本国家可以划分成“高潜力、低风险”“高潜力、高风险”“低潜力、低风险”“低潜力、高风险”四种类型。基于本书通过国际产能合作化解中国钢铁产能过剩这一主要目标指向，应优先同高潜力的国家开展合作，同时尽可能降低合作风险，故得出钢铁产能合作区位选择的优先顺序依次为：“高潜力、低风险”的国家、“高潜力、高风险”的国家、“低潜力、低风险”的国家、“低潜力、高风险”的国家。

二、政策启示

结合习近平总书记提出的供给侧结构性改革下“三去一降一补”的重要任务，面对中美贸易战所掀起的新一轮世界经济的残酷竞争，寻找化解中国钢铁产能过剩的有效战略路径，本书研究所得出的重要结论为我们提供了许多有益的政策启示。

第一，积极推进“一带一路”倡议实施，通过国际产能合作化解中国钢铁产能过剩。

“一带一路”倡议下开展国际产能合作不仅是中国主动适应经济新常态的一项重要战略举措，也是中国企业积极适应经济全球化，突破美国和欧盟等西方国家贸易封锁、参与国际产业分工，利用两个市场、两种资源的必然选择。“一带一路”倡议为钢铁产业开展国际产能合作提供了有利条件，把握好这一历史契机，积极开展国际产能合作有助于达到互利双赢的结果。

第二，通过“五通”改善“四种距离”，设计中国与“一带一路”国家的钢铁产能合作机制。

在合作机制上，要着力打造利益共同体、命运共同体、责任共同体，通过政策沟通、设施联通、贸易畅通、资金融通、民心相通，改善地理距离、经济距离、制度距离和文化距离，增添合作发展新动力。同时，要充分考虑制度距离和文化距离的显著负效应，重点防范钢铁产能合作过程中的制度风险和文化风险。

第三，发挥梯度优势和互补优势，创新中国与“一带一路”国家的钢铁产能合作模式。

在合作模式上，要充分发挥经济距离的正向推动作用，降低制度距离和文化距离的反向阻碍作用，根据合作对象与条件进行模式创新：以绿地投资实现产能转移，将利用中国的“生产优势”转化为利用东道国的“资源优势”；以产能输出取代产品输出，将异地“出口产品”转化为本地“生产产品”；以基础设施援建消化部分产能，将间接“转移产能”转化为直接“消化产能”。同时，要充分考虑制度距离和文化距离的显著负效应，重点防范钢铁产能合作过程中的制度风险和文化风险。

第四，根据条件分步推进，制定中国与“一带一路”国家钢铁产能合作的进入策略。

“一带一路”的合作伙伴关系是一个逐步发展和不断拓展的过程。随着“一带一路”倡议的推进，传统地缘政治所指的边缘地带如今已成为连接欧亚的枢纽、互联互通的要冲。然而由于牵涉的国家众多，各自发展差异巨大，“一带一路”统一的机制化建设较难，因此，区域、次区域机制化可以先行。事实上，“一带一路”覆盖的欧亚大陆诸国正逐渐被纳入以中国为核心的经济和地缘政治体系中，这是“一带一路”倡议带来的得天独厚的优势。中国钢铁企业应充分利用这样一层地缘政治关系，先与周边具有产业互补性的国家开展产能合作形成局部区域合作，再逐步向外扩张达到全区域合作的目的。

第五，要注意防范国际产能合作风险，在综合评估“合作潜力—合作风险”的基础上科学选择合作区域。

沿线国家中不同国家的风险来源不同，综合风险较低的是北线的发达国家，而综合风险较高的则是南线的发展中国家。中国应优先与高潜力、低风险区域的沿线国家开展钢铁产能合作。因此，在合作目标国家选择上，南线要重点选择文化相通的国家合作，中线要重点选择经济发展水平较好的国家合作，北线则要重点选择与中国的经济互补性较大、制度包容性较强的国家合作。

第二节　研究不足与展望

本书基于“一带一路”倡议的背景结合现阶段钢铁产业的现实状况对中

国与沿线国家开展钢铁产能合作的影响因素、潜力、风险以及区位选择进行了初步的研究，虽然取得了一些创新性的研究成果，但还是存在以下三个方面的不足有待改善：

第一，在理论研究上，本书在传统引力模型的基础上将经济距离、制度距离以及文化距离等动态的“软距离”因素纳入模型之中，从机理上更深入地解释了多维动态距离对产能合作的影响，且与传统引力模型相比也更加准确全面。然而由于沿线国家的样本量大、国情复杂、地缘宗教等情况各不相同，该模型在考量影响因素方面还不够全面和细致，中国在“一带一路”倡议下开展钢铁产能合作的影响因素还有很多，机理还有完善的空间，今后可以将更多的因素纳入引力模型的考量范围。

第二，在实证研究上，虽然本书从国别和线路两个角度对中国与沿线国家开展钢铁产能合作影响因素进行了动态面板回归和稳定性检验，但由于数据可获得性的原因，本书实证的数据样本为2000~2015年，此外，由于部分国家统计数据的问题，本书剔除了部分统计数据不全或国内发生战乱的国家，只选取了其中与中国签订合约的57个国家作为研究对象。如果能从时间维度进一步扩展样本，可能会使我们对影响因素、合作潜力的发展趋势把握更加准确；如果能将沿线的所有国家和潜在签约的合作国家纳入研究框架进行进一步分析，可能会使我们的研究结论更加完善。

第三，在应用研究上，本书从“一带一路”倡议的视角出发对中国钢铁产业开展国际产能合作潜力进行了测算、对合作中可能产生的风险进行了评估、对合作区位进行了划分，进而为化解国内钢铁产能过剩、提高中国钢铁产业国际竞争力提出政策建议，虽然在一定意义上能为中国在“一带一路”倡议背景下开展国际产能合作提供政策工具，然而，当前各级政府如何鼓励本土钢铁企业利用“一带一路”这一历史契机走出国门开展产能合作，如何帮助企业扫除进入沿线国家市场的障碍，如何指导企业制定正确的发展战略以合理规避合作中可能产生的潜在风险，如何让中国钢铁企业从被动的国际合作参与者成为国际合作规则的制定者等诸多方面，还需要做专项具体的研究，才能保证政策措施的可操作性。

以上研究不足，正是笔者未来学术研究的努力方向。在后续的研究中，笔者将继续跟踪相关的前沿文献，尝试获取更新更全的数据，以期能克服上述研究中的不足，持续改进自己的研究。

附录一　中国与沿线国家经济距离测算值

2000~2007 年中国与“一带一路”沿线国家经济距离测算值

国家 \ 年份	2000	2001	2002	2003	2004	2005	2006	2007
阿富汗	6. 29	7. 08	4. 28	4. 64	5. 03	5. 15	5. 83	5. 43
阿尔巴尼亚	0. 04	0. 05	0. 06	0. 15	0. 23	0. 19	0. 13	0. 08
阿塞拜疆	0. 15	0. 16	0. 17	0. 14	0. 14	0. 01	0. 03	0. 13
巴林	12. 28	10. 30	9. 50	9. 13	8. 60	8. 34	7. 31	5. 91
孟加拉国	0. 79	1. 00	1. 22	1. 31	1. 58	1. 90	2. 48	3. 18
亚美尼亚	0. 19	0. 18	0. 15	0. 11	0. 06	0. 00	0. 00	0. 02
文莱	16. 82	13. 70	12. 74	12. 47	12. 58	12. 95	12. 83	10. 20
保加利亚	0. 27	0. 27	0. 37	0. 58	0. 69	0. 67	0. 62	0. 66
缅甸	3. 17	5. 71	6. 11	4. 03	5. 01	5. 23	5. 21	4. 72
白俄罗斯	0. 08	0. 03	0. 06	0. 12	0. 21	0. 34	0. 38	0. 33
柬埔寨	1. 50	1. 58	1. 68	1. 84	1. 96	1. 97	2. 15	2. 50
斯里兰卡	0. 01	0. 05	0. 08	0. 07	0. 12	0. 11	0. 14	0. 25
克罗地亚	3. 32	3. 18	3. 46	4. 22	4. 37	4. 00	3. 60	3. 22
捷克	4. 41	4. 42	5. 12	5. 69	5. 86	5. 73	5. 36	4. 95
爱沙尼亚	2. 48	2. 51	2. 84	3. 75	4. 04	4. 07	4. 17	4. 32
格鲁吉亚	0. 11	0. 13	0. 15	0. 11	0. 05	0. 02	0. 01	0. 01
德国	22. 76	20. 54	19. 99	21. 60	20. 69	17. 84	15. 42	13. 58
匈牙利	3. 03	3. 20	3. 96	4. 67	4. 95	4. 52	3. 61	3. 33
印度尼西亚	0. 04	0. 12	0. 06	0. 04	0. 07	0. 11	0. 08	0. 14

续表

国家 \ 年份	2000	2001	2002	2003	2004	2005	2006	2007
伊朗	0.31	0.35	0.25	0.31	0.32	0.34	0.31	0.31
以色列	19.99	17.33	14.11	12.77	11.26	9.84	8.53	7.39
哈萨克斯坦	0.06	0.12	0.14	0.23	0.43	0.62	0.92	0.91
约旦	0.31	0.25	0.21	0.15	0.10	0.05	0.04	0.00
科威特	17.22	13.77	13.55	15.19	15.90	18.29	18.40	15.05
吉尔吉斯斯坦	1.72	1.71	1.85	1.68	1.77	1.95	2.12	2.00
老挝	1.29	1.53	1.87	1.84	1.89	1.96	1.84	2.06
黎巴嫩	3.74	3.19	2.94	2.45	1.87	1.37	0.95	0.68
拉脱维亚	1.78	1.69	1.88	2.24	2.45	2.54	2.82	3.40
立陶宛	1.73	1.65	1.89	2.51	2.67	2.71	2.63	2.78
马来西亚	2.45	1.99	1.90	1.75	1.59	1.50	1.30	1.07
马尔代夫	0.71	1.18	1.01	1.04	0.95	0.49	0.58	0.39
蒙古	0.52	0.51	0.51	0.50	0.42	0.33	0.21	0.26
摩尔多瓦	1.08	0.97	0.90	0.78	0.57	0.58	0.66	0.65
阿曼	7.08	6.17	5.65	5.18	4.86	5.20	5.01	4.03
尼泊尔	2.39	2.47	2.88	3.28	3.44	3.71	4.19	4.99
巴基斯坦	0.35	0.55	0.73	0.72	0.75	0.87	0.82	1.19
菲律宾	0.01	0.01	0.02	0.06	0.11	0.15	0.17	0.23
波兰	2.90	2.94	2.75	2.64	2.65	2.79	2.54	2.42
卡塔尔	29.29	25.03	24.15	24.56	25.75	27.40	26.74	22.90
罗马尼亚	0.31	0.32	0.39	0.62	0.78	1.04	1.14	1.38
俄罗斯	0.39	0.50	0.55	0.74	1.09	1.37	1.60	1.67
沙特阿拉伯	7.62	6.33	5.67	5.56	5.52	5.96	5.44	4.27
印度	0.64	0.78	0.87	0.80	0.84	0.88	1.03	1.03
新加坡	22.84	18.54	17.22	16.35	16.22	15.09	14.06	12.62
斯洛伐克	3.81	3.60	3.86	4.90	5.20	4.81	4.42	4.13
越南	0.67	0.77	0.82	0.84	0.89	0.91	1.01	1.27
斯洛文尼亚	8.75	8.05	8.38	9.63	9.53	8.46	7.50	6.96

续表

国家 \ 年份	2000	2001	2002	2003	2004	2005	2006	2007
塔吉克斯坦	5.07	4.33	4.23	3.64	3.08	3.39	3.39	3.38
泰国	0.57	0.35	0.37	0.38	0.33	0.26	0.23	0.15
阿联酋	32.50	27.53	25.30	23.83	22.01	20.54	18.23	13.90
土耳其	2.72	1.30	1.50	1.93	2.25	2.45	2.09	1.88
土库曼斯坦	0.16	0.10	0.03	0.00	0.00	0.00	0.00	0.00
乌克兰	0.17	0.09	0.07	0.04	0.01	0.00	0.01	0.02
马其顿	0.45	0.30	0.29	0.40	0.38	0.31	0.22	0.17
埃及	0.16	0.07	0.00	0.02	0.14	0.17	0.18	0.25
乌兹别克斯坦	0.30	0.74	1.33	1.56	1.55	1.52	1.52	1.55
也门	0.34	0.47	0.52	0.60	0.64	0.62	0.76	1.08

附录二　中国与沿线国家制度距离测算值

2000~2015年中国与“一带一路”沿线国家制度距离测算值

国家＼年份	2000	2001	2002	2003	2004	2005	2006	2007
阿富汗	1.32	1.05	0.87	0.74	0.69	0.78	0.70	0.65
阿尔巴尼亚	0.72	0.28	0.22	0.24	0.22	0.25	0.19	0.15
阿塞拜疆	1.52	0.70	0.66	0.75	0.84	0.90	0.77	0.58
巴林	0.35	0.68	0.76	0.92	0.86	0.69	0.58	0.59
孟加拉国	0.74	0.40	0.45	0.47	0.61	0.49	0.45	0.43
亚美尼亚	0.70	0.28	0.24	0.26	0.34	0.33	0.35	0.31
文莱	0.51	1.02	0.94	0.75	0.50	0.67	0.72	0.83
保加利亚	1.00	0.15	0.18	0.15	0.15	0.16	0.12	0.12
缅甸	1.44	1.51	1.46	1.47	1.20	1.06	0.99	1.06
白俄罗斯	0.28	0.57	0.63	0.46	0.65	0.51	0.52	0.50
柬埔寨	0.63	0.53	0.49	0.62	0.59	0.66	0.48	0.44
斯里兰卡	0.34	0.16	0.14	0.17	0.17	0.22	0.18	0.19
克罗地亚	1.10	0.17	0.21	0.24	0.27	0.26	0.20	0.19
捷克	1.85	0.43	0.53	0.54	0.53	0.64	0.49	0.43
爱沙尼亚	2.14	0.54	0.51	0.63	0.63	0.69	0.62	0.54
格鲁吉亚	0.80	0.43	0.47	0.33	0.27	0.25	0.16	0.18
德国	3.63	1.19	0.99	0.80	0.74	0.94	0.99	0.95
匈牙利	4.13	0.64	0.64	0.61	0.55	0.52	0.49	0.39
印度尼西亚	0.38	0.28	0.32	0.33	0.30	0.31	0.25	0.22

续表

国家＼年份	2000	2001	2002	2003	2004	2005	2006	2007
伊朗	0.38	0.51	0.60	0.69	0.67	0.68	0.66	0.64
以色列	0.65	0.33	0.32	0.34	0.32	0.31	0.32	0.31
哈萨克斯坦	0.42	0.66	0.57	0.48	0.70	0.56	0.56	0.41
约旦	0.81	0.22	0.28	0.51	0.36	0.27	0.35	0.36
科威特	0.68	0.34	0.32	0.46	0.37	0.49	0.44	0.33
吉尔吉斯斯坦	0.33	0.64	0.61	0.72	0.69	0.72	0.56	0.56
老挝	0.66	1.17	0.99	1.63	1.27	1.01	0.70	0.74
黎巴嫩	0.93	0.32	0.35	0.29	0.29	0.24	0.27	0.28
拉脱维亚	1.05	0.26	0.31	0.43	0.41	0.43	0.37	0.30
立陶宛	1.32	0.30	0.36	0.46	0.48	0.49	0.37	0.35
马来西亚	0.53	0.94	1.81	1.11	1.02	0.93	1.22	0.99
马尔代夫	0.37	0.43	0.54	0.34	0.43	0.43	0.36	0.34
蒙古	0.57	0.16	0.16	0.20	0.18	0.23	0.17	0.17
摩尔多瓦	0.78	0.30	0.34	0.32	0.34	0.34	0.21	0.18
阿曼	0.44	0.77	0.71	0.67	0.71	0.57	0.52	0.48
尼泊尔	0.60	0.30	0.33	0.41	0.49	0.53	0.42	0.34
巴基斯坦	0.80	0.65	0.52	0.68	0.67	0.54	0.39	0.38
菲律宾	0.39	0.16	0.15	0.18	0.21	0.18	0.20	0.19
波兰	1.51	0.36	0.33	0.34	0.26	0.30	0.22	0.24
卡塔尔	0.44	0.81	0.91	0.50	0.50	0.52	0.74	0.57
罗马尼亚	0.54	0.12	0.14	0.13	0.11	0.11	0.11	0.11
俄罗斯	0.70	0.38	0.37	0.41	0.36	0.44	0.57	0.54
沙特阿拉伯	0.13	0.59	0.39	0.45	0.53	0.48	0.51	0.46
印度	0.46	0.15	0.15	0.17	0.16	0.16	0.14	0.15
新加坡	0.95	1.28	1.17	1.23	1.06	1.29	1.17	1.08
斯洛伐克	1.62	0.30	0.31	0.40	0.50	0.61	0.42	0.36
越南	0.20	0.66	0.66	0.58	0.66	0.44	0.50	0.53
斯洛文尼亚	3.27	0.56	0.58	0.70	0.62	0.61	0.51	0.48

续表

国家＼年份	2000	2001	2002	2003	2004	2005	2006	2007
塔吉克斯坦	1.64	0.91	0.70	0.79	1.01	0.95	0.78	0.64
泰国	1.04	0.21	0.20	0.16	0.15	0.20	0.31	0.25
阿联酋	0.62	1.71	1.19	0.80	0.86	0.89	1.10	0.91
土耳其	0.44	0.16	0.16	0.12	0.11	0.13	0.11	0.14
土库曼斯坦	0.44	0.72	0.75	0.63	0.75	0.63	0.69	0.57
乌克兰	0.74	0.42	0.40	0.42	0.48	0.31	0.19	0.18
马其顿	0.74	0.29	0.25	0.23	0.19	0.21	0.16	0.13
埃及	0.30	0.54	0.55	0.66	0.55	0.60	0.59	0.50
乌兹别克斯坦	0.84	1.31	1.48	1.54	1.40	1.50	1.40	1.50
也门	0.90	0.70	0.75	0.65	0.66	0.77	0.66	0.59

国家＼年份	2008	2009	2010	2011	2012	2013	2014	2015
阿富汗	0.64	0.68	0.79	0.78	0.69	0.66	0.62	0.58
阿尔巴尼亚	0.13	0.13	0.13	0.16	0.16	0.16	0.14	0.11
阿塞拜疆	0.61	0.64	0.62	0.71	0.76	0.87	0.88	0.95
巴林	0.68	0.76	0.69	0.51	0.47	0.46	0.51	0.44
孟加拉国	0.39	0.36	0.38	0.39	0.43	0.40	0.35	0.36
亚美尼亚	0.35	0.44	0.39	0.32	0.29	0.26	0.23	0.21
文莱	0.85	0.97	0.83	1.04	1.26	1.06	0.81	0.71
保加利亚	0.14	0.15	0.15	0.14	0.16	0.14	0.10	0.12
缅甸	1.10	1.14	1.07	0.97	0.86	0.78	0.64	0.55
白俄罗斯	0.45	0.46	0.53	0.57	0.55	0.56	0.47	0.46
柬埔寨	0.45	0.47	0.49	0.49	0.47	0.47	0.46	0.44
斯里兰卡	0.20	0.22	0.27	0.26	0.25	0.28	0.23	0.08
克罗地亚	0.21	0.24	0.26	0.25	0.25	0.27	0.26	0.20
捷克	0.49	0.47	0.49	0.52	0.47	0.44	0.48	0.46
爱沙尼亚	0.60	0.55	0.60	0.60	0.58	0.63	0.58	0.55
格鲁吉亚	0.21	0.19	0.21	0.25	0.22	0.24	0.29	0.26
德国	0.88	0.84	0.95	0.94	0.85	0.95	0.96	0.84

续表

年份 国家	2008	2009	2010	2011	2012	2013	2014	2015
匈牙利	0. 40	0. 36	0. 37	0. 39	0. 38	0. 39	0. 27	0. 24
印度尼西亚	0. 21	0. 23	0. 25	0. 23	0. 20	0. 18	0. 13	0. 14
伊朗	0. 67	0. 75	0. 80	0. 84	0. 90	0. 91	0. 83	0. 78
以色列	0. 32	0. 30	0. 35	0. 37	0. 36	0. 36	0. 36	0. 37
哈萨克斯坦	0. 42	0. 40	0. 39	0. 60	0. 71	0. 72	0. 47	0. 40
约旦	0. 46	0. 42	0. 32	0. 40	0. 34	0. 35	0. 32	0. 32
科威特	0. 28	0. 31	0. 34	0. 24	0. 23	0. 24	0. 16	0. 15
吉尔吉斯斯坦	0. 58	0. 53	0. 55	0. 50	0. 46	0. 41	0. 33	0. 31
老挝	0. 63	0. 77	0. 76	0. 65	0. 61	0. 62	0. 48	0. 44
黎巴嫩	0. 28	0. 27	0. 28	0. 29	0. 29	0. 30	0. 32	0. 33
拉脱维亚	0. 29	0. 32	0. 36	0. 35	0. 40	0. 43	0. 43	0. 43
立陶宛	0. 34	0. 34	0. 39	0. 38	0. 47	0. 48	0. 47	0. 52
马来西亚	0. 62	0. 49	0. 92	0. 71	0. 56	0. 67	1. 18	0. 68
马尔代夫	0. 19	0. 15	0. 15	0. 19	0. 31	0. 30	0. 23	0. 24
蒙古	0. 17	0. 18	0. 18	0. 17	0. 16	0. 17	0. 16	0. 16
摩尔多瓦	0. 19	0. 22	0. 16	0. 12	0. 13	0. 14	0. 12	0. 14
阿曼	0. 61	0. 63	0. 58	0. 51	0. 59	0. 59	0. 45	0. 32
尼泊尔	0. 34	0. 36	0. 40	0. 39	0. 45	0. 40	0. 29	0. 28
巴基斯坦	0. 37	0. 37	0. 38	0. 39	0. 40	0. 39	0. 37	0. 35
菲律宾	0. 19	0. 18	0. 20	0. 20	0. 18	0. 16	0. 16	0. 15
波兰	0. 30	0. 33	0. 37	0. 39	0. 42	0. 45	0. 40	0. 37
卡塔尔	0. 72	0. 76	0. 75	0. 72	0. 94	0. 92	0. 90	0. 88
罗马尼亚	0. 11	0. 13	0. 13	0. 12	0. 11	0. 12	0. 09	0. 10
俄罗斯	0. 52	0. 53	0. 56	0. 57	0. 58	0. 56	0. 60	0. 61
沙特阿拉伯	0. 52	0. 64	0. 56	0. 56	0. 48	0. 48	0. 53	0. 65
印度	0. 14	0. 14	0. 16	0. 16	0. 17	0. 17	0. 17	0. 15
新加坡	1. 17	1. 22	1. 21	1. 39	1. 81	2. 01	1. 60	1. 57
斯洛伐克	0. 43	0. 42	0. 42	0. 42	0. 36	0. 34	0. 36	0. 31

续表

国家＼年份	2008	2009	2010	2011	2012	2013	2014	2015
越南	0.55	0.55	0.52	0.52	0.50	0.51	0.53	0.48
斯洛文尼亚	0.60	0.61	0.52	0.53	0.51	0.51	0.47	0.42
塔吉克斯坦	0.72	0.75	0.92	0.87	1.01	1.03	0.83	0.80
泰国	0.24	0.22	0.24	0.23	0.21	0.23	0.45	0.48
阿联酋	0.86	0.99	0.76	0.89	0.93	0.94	1.03	1.21
土耳其	0.13	0.14	0.16	0.17	0.19	0.20	0.21	0.20
土库曼斯坦	0.52	0.56	0.54	0.57	0.53	0.55	0.56	0.59
乌克兰	0.18	0.22	0.22	0.24	0.28	0.34	0.28	0.28
马其顿	0.10	0.10	0.12	0.13	0.12	0.11	0.11	0.14
埃及	0.53	0.52	0.60	0.58	0.43	0.54	0.60	0.56
乌兹别克斯坦	1.59	1.53	1.04	0.97	0.94	0.95	0.68	0.76
也门	0.55	0.54	0.60	0.67	0.63	0.63	0.61	0.71

附录三　中国与沿线国家贸易效率测算值

2000~2015年中国与“一带一路”沿线国家贸易效率测算值

国家＼年份	2000	2001	2002	2003	2004	2005	2006	2007
阿富汗	0.001	0.001	0.003	0.005	0.010	0.016	0.026	0.040
阿尔巴尼亚	0.003	0.005	0.009	0.016	0.026	0.039	0.057	0.079
阿塞拜疆	0.000	0.000	0.000	0.000	0.001	0.002	0.005	0.009
巴林	0.030	0.045	0.063	0.087	0.114	0.146	0.182	0.221
孟加拉国	0.005	0.010	0.017	0.027	0.040	0.058	0.080	0.107
亚美尼亚	0.000	0.000	0.001	0.002	0.004	0.007	0.012	0.021
文莱	0.252	0.292	0.333	0.375	0.417	0.460	0.501	0.541
保加利亚	0.000	0.001	0.001	0.003	0.005	0.010	0.016	0.026
缅甸	0.347	0.388	0.429	0.469	0.509	0.548	0.586	0.621
白俄罗斯	0.000	0.000	0.000	0.000	0.000	0.001	0.002	0.004
柬埔寨	0.234	0.274	0.315	0.357	0.399	0.442	0.484	0.524
斯里兰卡	0.046	0.064	0.087	0.115	0.146	0.182	0.221	0.262
克罗地亚	0.000	0.001	0.001	0.003	0.006	0.010	0.018	0.028
捷克	0.001	0.002	0.003	0.007	0.012	0.020	0.031	0.046
爱沙尼亚	0.000	0.001	0.002	0.004	0.008	0.014	0.023	0.035
格鲁吉亚	0.000	0.000	0.000	0.001	0.002	0.004	0.007	0.013
德国	0.003	0.005	0.009	0.016	0.025	0.039	0.056	0.078
匈牙利	0.000	0.000	0.001	0.002	0.004	0.008	0.013	0.022
印度尼西亚	0.058	0.079	0.105	0.135	0.169	0.207	0.247	0.290

续表

国家 \ 年份	2000	2001	2002	2003	2004	2005	2006	2007
伊朗	0.044	0.062	0.085	0.112	0.143	0.178	0.217	0.258
以色列	0.053	0.073	0.098	0.127	0.160	0.197	0.237	0.279
哈萨克斯坦	0.005	0.009	0.015	0.025	0.038	0.055	0.077	0.103
约旦	0.259	0.299	0.340	0.382	0.425	0.466	0.507	0.547
科威特	0.107	0.137	0.171	0.208	0.248	0.290	0.333	0.377
吉尔吉斯斯坦	0.015	0.024	0.036	0.052	0.073	0.098	0.128	0.162
老挝	0.010	0.017	0.027	0.041	0.059	0.081	0.108	0.139
黎巴嫩	0.058	0.080	0.106	0.136	0.170	0.208	0.248	0.291
拉脱维亚	0.001	0.002	0.004	0.007	0.012	0.020	0.032	0.047
立陶宛	0.000	0.000	0.001	0.001	0.003	0.005	0.010	0.016
马来西亚	0.086	0.112	0.143	0.178	0.216	0.256	0.299	0.343
马尔代夫	0.002	0.005	0.009	0.015	0.024	0.037	0.054	0.075
蒙古	0.103	0.132	0.165	0.202	0.241	0.283	0.326	0.370
摩尔多瓦	0.000	0.000	0.000	0.000	0.000	0.001	0.002	0.005
阿曼	0.011	0.019	0.030	0.044	0.063	0.086	0.114	0.146
尼泊尔	0.002	0.004	0.007	0.012	0.020	0.032	0.047	0.067
巴基斯坦	0.061	0.083	0.109	0.140	0.175	0.213	0.253	0.296
菲律宾	0.140	0.173	0.210	0.250	0.291	0.334	0.378	0.421
波兰	0.002	0.004	0.008	0.014	0.023	0.035	0.051	0.072
卡塔尔	0.055	0.075	0.101	0.130	0.164	0.201	0.241	0.283
罗马尼亚	0.001	0.002	0.005	0.009	0.015	0.024	0.037	0.054
俄罗斯	0.001	0.002	0.004	0.008	0.013	0.022	0.034	0.050
沙特阿拉伯	0.059	0.081	0.107	0.137	0.172	0.209	0.250	0.293
印度	0.004	0.008	0.014	0.023	0.035	0.052	0.073	0.098
新加坡	0.158	0.193	0.231	0.272	0.314	0.357	0.401	0.444
斯洛伐克	0.000	0.001	0.002	0.003	0.006	0.011	0.019	0.030
越南	0.720	0.745	0.769	0.791	0.811	0.830	0.847	0.862
斯洛文尼亚	0.006	0.010	0.017	0.027	0.041	0.059	0.081	0.108

续表

国家 \ 年份	2000	2001	2002	2003	2004	2005	2006	2007
塔吉克斯坦	0.004	0.007	0.012	0.020	0.032	0.047	0.067	0.091
泰国	0.646	0.676	0.704	0.731	0.756	0.779	0.801	0.821
阿联酋	0.267	0.307	0.349	0.391	0.433	0.475	0.515	0.555
土耳其	0.020	0.032	0.047	0.066	0.090	0.118	0.150	0.187
土库曼斯坦	0.000	0.000	0.001	0.001	0.003	0.005	0.010	0.016
乌克兰	0.000	0.000	0.001	0.002	0.003	0.007	0.012	0.020
马其顿	0.000	0.001	0.002	0.004	0.008	0.014	0.023	0.036
埃及	0.009	0.015	0.024	0.037	0.054	0.075	0.101	0.131
乌兹别克斯坦	0.000	0.001	0.001	0.003	0.006	0.011	0.018	0.028
也门	0.034	0.049	0.069	0.094	0.122	0.155	0.192	0.231

国家 \ 年份	2008	2009	2010	2011	2012	2013	2014	2015
阿富汗	0.058	0.080	0.107	0.138	0.174	0.212	0.254	0.298
阿尔巴尼亚	0.105	0.136	0.172	0.210	0.251	0.295	0.339	0.384
阿塞拜疆	0.015	0.024	0.037	0.054	0.076	0.102	0.133	0.167
巴林	0.262	0.305	0.350	0.394	0.439	0.482	0.525	0.565
孟加拉国	0.138	0.173	0.212	0.253	0.297	0.341	0.386	0.431
亚美尼亚	0.032	0.048	0.068	0.092	0.122	0.155	0.192	0.232
文莱	0.579	0.616	0.650	0.683	0.713	0.741	0.767	0.790
保加利亚	0.040	0.058	0.080	0.107	0.139	0.174	0.213	0.255
缅甸	0.655	0.687	0.716	0.744	0.769	0.792	0.813	0.833
白俄罗斯	0.008	0.014	0.022	0.034	0.051	0.072	0.097	0.127
柬埔寨	0.564	0.601	0.637	0.670	0.701	0.730	0.757	0.781
斯里兰卡	0.305	0.349	0.394	0.438	0.482	0.524	0.564	0.603
克罗地亚	0.042	0.061	0.084	0.112	0.144	0.180	0.219	0.261
捷克	0.065	0.089	0.118	0.151	0.187	0.227	0.270	0.314
爱沙尼亚	0.052	0.073	0.098	0.129	0.163	0.201	0.242	0.285
格鲁吉亚	0.022	0.034	0.050	0.070	0.095	0.125	0.159	0.196
德国	0.104	0.135	0.170	0.209	0.250	0.293	0.338	0.383

续表

国家＼年份	2008	2009	2010	2011	2012	2013	2014	2015
匈牙利	0. 034	0. 050	0. 071	0. 096	0. 126	0. 160	0. 198	0. 238
印度尼西亚	0. 333	0. 378	0. 422	0. 466	0. 508	0. 549	0. 589	0. 625
伊朗	0. 301	0. 345	0. 390	0. 434	0. 478	0. 520	0. 560	0. 599
以色列	0. 323	0. 367	0. 412	0. 456	0. 499	0. 540	0. 579	0. 617
哈萨克斯坦	0. 134	0. 168	0. 206	0. 247	0. 291	0. 335	0. 380	0. 425
约旦	0. 585	0. 622	0. 656	0. 688	0. 718	0. 745	0. 771	0. 794
科威特	0. 421	0. 464	0. 507	0. 547	0. 586	0. 623	0. 658	0. 690
吉尔吉斯斯坦	0. 199	0. 240	0. 283	0. 327	0. 371	0. 416	0. 460	0. 503
老挝	0. 174	0. 213	0. 254	0. 297	0. 342	0. 387	0. 431	0. 475
黎巴嫩	0. 335	0. 379	0. 423	0. 467	0. 510	0. 551	0. 590	0. 627
拉脱维亚	0. 067	0. 092	0. 121	0. 154	0. 191	0. 231	0. 274	0. 318
立陶宛	0. 026	0. 040	0. 058	0. 081	0. 108	0. 139	0. 175	0. 214
马来西亚	0. 387	0. 431	0. 474	0. 516	0. 557	0. 596	0. 632	0. 666
马尔代夫	0. 101	0. 132	0. 166	0. 204	0. 245	0. 289	0. 333	0. 378
蒙古	0. 414	0. 457	0. 500	0. 541	0. 580	0. 618	0. 653	0. 685
摩尔多瓦	0. 009	0. 016	0. 025	0. 039	0. 056	0. 078	0. 105	0. 136
阿曼	0. 182	0. 221	0. 263	0. 306	0. 351	0. 396	0. 441	0. 484
尼泊尔	0. 091	0. 120	0. 153	0. 190	0. 230	0. 272	0. 316	0. 361
巴基斯坦	0. 340	0. 384	0. 429	0. 472	0. 515	0. 555	0. 594	0. 631
菲律宾	0. 465	0. 507	0. 547	0. 586	0. 623	0. 658	0. 690	0. 720
波兰	0. 098	0. 128	0. 162	0. 199	0. 240	0. 283	0. 327	0. 372
卡塔尔	0. 327	0. 371	0. 416	0. 459	0. 502	0. 543	0. 583	0. 620
罗马尼亚	0. 076	0. 102	0. 132	0. 167	0. 205	0. 246	0. 289	0. 334
俄罗斯	0. 071	0. 096	0. 126	0. 160	0. 197	0. 238	0. 281	0. 325
沙特阿拉伯	0. 336	0. 381	0. 425	0. 469	0. 511	0. 552	0. 591	0. 628
印度	0. 128	0. 162	0. 200	0. 240	0. 283	0. 327	0. 372	0. 417
新加坡	0. 487	0. 528	0. 568	0. 605	0. 641	0. 674	0. 705	0. 734
斯洛伐克	0. 045	0. 064	0. 088	0. 117	0. 149	0. 186	0. 226	0. 268

续表

国家＼年份	2008	2009	2010	2011	2012	2013	2014	2015
越南	0.877	0.890	0.901	0.912	0.922	0.930	0.938	0.945
斯洛文尼亚	0.139	0.175	0.213	0.255	0.298	0.343	0.388	0.432
塔吉克斯坦	0.120	0.153	0.190	0.229	0.272	0.316	0.361	0.406
泰国	0.839	0.855	0.870	0.884	0.896	0.907	0.918	0.927
阿联酋	0.592	0.628	0.662	0.694	0.723	0.750	0.775	0.798
土耳其	0.226	0.268	0.312	0.356	0.401	0.445	0.489	0.531
土库曼斯坦	0.026	0.040	0.058	0.080	0.107	0.139	0.174	0.213
乌克兰	0.031	0.046	0.066	0.090	0.119	0.152	0.189	0.229
马其顿	0.052	0.074	0.099	0.130	0.164	0.202	0.243	0.286
埃及	0.166	0.204	0.244	0.287	0.332	0.377	0.421	0.465
乌兹别克斯坦	0.043	0.061	0.085	0.112	0.145	0.181	0.220	0.262
也门	0.273	0.317	0.362	0.406	0.450	0.494	0.535	0.575

参考文献

[1] Akamatsu K. A Historical Pattern of Economic Growth in Developing Countries [J]. The Developing Economies, 1962 (1): 3-25.

[2] Armstrong S. Measuring Trade and Trade Potential: A Survey [J]. Crawford School Asia Pacific Economic Paper, 2007 (368).

[3] Armstrong G. Marketing: An Introduction [M]. Pearson Education, 2009.

[4] Armine L S, Cavusgil S T. Consumer Market Environment in the Middle East [J]. International Business in the Middle East, Walter de Gruyter: Berlin, 1986, 163 (1): 76.

[5] Anderson J E. A Theoretical Foundation for the Gravity Equation [J]. The American Economic Review, 1979, 69 (1): 106-116.

[6] Arellano M, Bond S. Some Tests of Specification for Panel Data: Monte Carlo Evidence and An application to Employment Equations [J]. The Review of Economic Studies, 1991, 58 (2): 277-297.

[7] Arellano M, Bover O. Another Look at the Instrumental Variable Estimation of Error-components Models [J]. Journal of Econometrics, 1995, 68 (1): 29-51.

[8] Blundell R, Bond S. Initial Conditions and Moment Restrictions in Dynamic Panel Data Models [J]. Journal of Econometrics, 1998, 87 (1): 115-143.

[9] Baldwin R, Taglioni D. Gravity for Dummies and Dummies for Gravity Equations [R]. National Bureau of Economic Research, 2006.

[10] Bergstrand J H. The Gravity Equation in International Trade: Some Mi-

croeconomic Foundations and Empirical Evidence [J]. The Review of Economics and Statistics, 1985, 67 (3): 474-481.

[11] Bergstrand J H. The Generalized Gravity Equation, Monopolistic Competition, and the Factor-proportions Theory in International Trade [J]. The Review of Economics and Statistics, 1989, 71 (1): 143-153.

[12] Beckerman W. Distance and the Pattern of Intra-European Trade [J]. The Review of Economics and Statistics, 1956, 38 (1): 31-40.

[13] Brainard S L. An Empirical Assessment of the Proximity-concentration Tradeoff between Multinational Sales and Trade [R]. National Bureau of Economic Research, 1993.

[14] Barro R J. Determinants of Democracy [J]. Journal of Political Economy, 1999, 107 (S6): S158-S183.

[15] Berry H, Guillén M F, Zhou N. An Institutional Approach to Cross-national Distance [J]. Journal of International Business Studies, 2010, 41 (9): 1460-1480.

[16] Battese G E, Coelli T J. Frontier Production Functions, Technical Efficiency and Panel Data: with Application to Paddy Farmers in India [J]. Journal of Productivity Analysis, 1992, 3 (1-2): 153-169.

[17] Barrett S. A Theory of Full International Cooperation [J]. Journal of Theoretical Politics, 1999, 11 (4): 519-541.

[18] Blumenthal J M, Solomon J L, Bell C D, et al. Satellite Tracking Highlights the Need for International Cooperation in Marine Turtle Management [J]. Endangered Species Research, 2006 (2): 51-61.

[19] Bonaccorsi A. On the Relationship between Firm Size and Export Intensity [J]. Journal of International Business Studies, 1992, 23 (4): 605-635.

[20] Coelli T. A guide to DEAP Version 2. 1: A Data Envelopment Analysis (Computer) Program [J]. Centre for Efficiency and Productivity Analysis, University of New England, Australia, 1996, 96 (8).

[21] Carrere C. Revisiting the Effects of Regional Trade Agreements on Trade Flows with Proper Specification of the Gravity Model [J]. European Economic Re-

view, 2006, 50 (2): 223-247.

[22] Christaller W. Die zentralen Orte in Süddeutschland: eine ökonomisch-geographische Untersuchung über die Gesetzmässigkeit der Verbreitung und Entwicklung der Siedlungen mit städtischen Funktionen [M]. University Microfilms, 1933.

[23] Drysdale P, Garnaut R. Trade Intensities and the Analysis of Bilateral Trade Flows in a Many-country World: A Survey [J]. Hitotsubashi Journal of Economics, 1982, 22 (2): 62-84.

[24] Dunning J H. Trade, Location of Economic Activity and the MNE: A Search for an Eclectic Approach [M]. The International Allocation of Economic Activity. Palgrave Macmillan, London, 1977: 395-418.

[25] Davis J H, Irwin D A. The Antebellum US Iron Industry: Domestic Production and Foreign Competition [J]. Explorations in Economic History, 2008, 45 (3): 254-269.

[26] Ehrenfeld J. Industrial Ecology: A New Field or Only A Metaphor? [J]. Journal of Cleaner Production, 2004, 12 (8-10): 825-831.

[27] Kumbhakar S C, Sarkar S. Deregulation, Ownership, and Productivity Growth in the Banking Industry: Evidence from India [J]. Journal of Money, Credit and Banking, 2003, 35 (3): 403-424.

[28] Du M M. China's "One Belt, One Road" Initiative: Context, Focus, Institutions, and Implications [J]. The Chinese Journal of Global Governance, 2016, 2 (1): 30-43.

[29] Ferdinand P. Westward ho—the China Dream and "One Belt, One Road": Chinese Foreign Policy under Xi Jinping [J]. International Affairs, 2016, 92 (4): 941-957.

[30] Farrell M J. The Measurement of Productive Efficiency [J]. Journal of the Royal Statistical Society Series A-General, 1957, 120 (3): 253-290.

[31] Fearon J D. Bargaining, Enforcement, and International Cooperation [J]. International Organization, 1998, 52 (2): 269-305.

[32] Fisher R C. State and Local Public Finance [M]. Routledge, 2015.

[33] Grieco J M. Understanding the Problem of International Cooperation: The

Limits of Neoliberal Institutionalism and the Future of Realist Theory [M]. Duke University Program in Political Economomy, 1992.

[34] Ghemawat P. Distance still Matters [J]. Harvard Business Review, 2001, 79 (8): 137-147.

[35] Grote M H, Rücker F. Acquiring Foreign Firms Far Away Might be Hazardous to Your Share Price: Evidence from Germany [R]. Working Paper Series: Finance & Accounting, 2007.

[36] Gold B, Peirce W S, Rosegger G. Diffusion of Major Technological Innovations in US Iron and Steel Manufacturing [J]. The Journal of Industrial Economics, 1970, 18 (3): 218-241.

[37] Heckscher E F, Ohlin B G. Heckscher-Ohlin Trade Theory [M]. The MIT Press, 1991.

[38] Hotelling H. Analysis of a Complex of Statistical Variables into Principal Components [J]. Journal of Educational Psychology, 1933, 24 (6): 417.

[39] Helpman E, Krugman P R. Market Structure and Foreign Trade: Increasing Returns, Imperfect Competition, and the International Economy [M]. MIT Press, 1985.

[40] Hofstede G. Motivation, Leadership, and Organization: Do American Theories Apply Abroad? [J]. Organizational Dynamics, 1980, 9 (1): 42-63.

[41] Heckscher E F. The Effect of Foreign Trade on the Distribution of Income [M]. Ekonomisk Tidskrift, 1919.

[42] Jorgenson D W, Kuroda M, Nishimizu M. Japan-US Industry-level Productivity Comparisons, 1960-1979 [J]. Journal of the Japanese and International Economies, 1987, 1 (1): 1-30.

[43] Kojima K. Direct Foreign Investment: Japanese Model Versus American Model [J]. Direct Foreign Investment: a Japanese Model of Multinational Business Operations. New York: Praeger Publishers, 1978.

[44] Lösch A. The Nature of Economic Regions [J]. Southern Economic Journal, 1938, 5 (1): 71-78.

[45] Kumbhakar S C, Lovell C A K. Stochastic Frontier Analysis [M]. Cam-

bridge University Press, 2003.

[46] Kang H, Fratianni M. International Trade Efficiency, the Gravity Equation, and the Stochastic Frontier [R]. Indiana University Kelley School of Business, Department of Business Economics and Publicy Policy, 2006.

[47] Koopmans T C. An Analysis of Production as an Efficient Combination of Activities [J]. Activity Analysis of Production and Allocation, 1951.

[48] Keller W. Geographic Localization of International Technology Diffusion [J]. American Economic Review, 2002, 92 (1): 120-142.

[49] Kasper W. Global Competition, Institutions, and the East-Asian Ascendancy [M]. Ics Press, 1994.

[50] Kogut B, Singh H. The Effect of National Culture on the Choice of Entry Mode [J]. Journal of International Business Studies, 1988, 19 (3): 411-432.

[51] Krishnan R, Sriganesh B. One Belt One Road [J]. MHD Supply Chain Solutions, 2018, 48 (2): 50.

[52] Linder S B. An Essay on Trade and Transformation [M]. Stockholm: Almqvist & Wiksell, 1961.

[53] Lewis W A, Craig S. Labour in the West Indies: the Birth of a Workers' Movement [M]. New Beacon Books, 1977.

[54] Lipson C. International Cooperation in Economic and Security Affairs [J]. World Politics, 1984, 37 (1): 1-23.

[55] Meldrum D. Country Risk and Foreign Direct Investment [J]. Business Economics, 2000, 35 (1): 33-40.

[56] Meyer J P, Herscovitch L. Commitment in the Workplace: Toward a General Model [J]. Human Resource Management Review, 2001, 11 (3): 299-326.

[57] Meeusen W, van den Broeck J. Technical Efficiency and Dimension of the Firm: Some Results on the Use of Frontier Production Functions [J]. Empirical Economics, 1977, 2 (2): 109-122.

[58] North D C. Economic Performance through Time [J]. The American Economic Review, 1994, 84 (3): 359-368.

[59] O'Neill K, Balsiger J, VanDeveer S D. Actors, Norms, and Impact: Recent International Cooperation Theory and the Influence of the Agent-structure Debate [J]. Annu. Rev. Polit. Sci., 2004 (7): 149-175.

[60] Pöyhönen P. A Tentative Model for the Volume of Trade between Countries [J]. Weltwirtschaftliches Archiv, 1963, 90 (1): 93-100.

[61] Porter M E. Clusters and the New Economics of Competition [M]. Boston: Harvard Business Review, 1998.

[62] Peltrault F, Venet B. Intra & Industry Trade and Economic Distance: Causality Tests Using Panel Data [R]. Mimeo, 2005.

[63] Perroux F. Economic Space: Theory and Applications [J]. The Quarterly Journal of Economics, 1950, 64 (1): 89-104.

[64] Ricardo D. Principles of Political Economy and Taxation [M]. G. Bell, 1891.

[65] Root F R. The Expropriation Experience of American Companies: What Happened to 38 Companies [J]. Business Horizons, 1968, 11 (2): 69-74.

[66] Rodrik D. Institutions for High-quality Growth: What They Are and How to Acquire Them [J]. Studies in Comparative International Development, 2000, 35 (3): 3-31.

[67] Rugman A M. International Diversification and the Multinational Enterprise [J]. University of California Press, 1979.

[68] Rugman A M, Verbeke A. A Note on the Transnational Solution and the Transaction Cost Theory of Multinational Strategic Management [J]. Journal of International Business Studies, 1992, 23 (4): 761-771.

[69] Rolland N. China's "Belt and Road Initiative": Underwhelming or game-changer? [J]. The Washington Quarterly, 2017, 40 (1): 127-142.

[70] Romanowski M. Geoeconomics in Central Asia [J]. The Diplomat, July, 2015 (6): 1-3.

[71] Zukin, Sharon, and Paul DiMaggio, eds. Structures of Capital: The Social Organization of the Economy [M]. CUP Archive, 1990.

[72] Swaine M D. Chinese Views and Commentary on the "One Belt, One

Road" Initiative [J]. China Leadership Monitor, 2015, 47 (2): 3.

[73] Stiglitz J E. Economic Organization, Information, and Development [J]. Handbook of Development Economics, 1988 (1): 93-160.

[74] Stewart J Q. Demographic Gravitation: Evidence and Applications [J]. Sociometry, 1948, 11 (1/2): 31-58.

[75] Stewart J Q. Empirical Mathematical Rules Concerning the Distribution and Equilibrium of Population [J]. Geographical Review, 1947, 37 (3): 461-485.

[76] Samuelson P A. The Pure Theory of Public Expenditure [J]. The Review of Economics and Statistics, 1954, 36 (4): 387-389.

[77] Sorenson O, Stuart T E. Syndication Networks and the Spatial Distribution of Venture Capital Investments [J]. American Journal of Sociology, 2001, 106 (6): 1546-1588.

[78] Stokes J. China's Road Rules: Beijing Looks West Toward Eurasian Integration [J]. Foreign Affairs, 2015 (19).

[79] Smith A. An Inquiry into the Nature and Causes of the Wealth of Nations: Volume One [M]. London: Printed for W. Strahan; and T. Cadell, 1776.

[80] Tiezzi S. Why China Is Not Interested in a South China Sea Code of Conduct [J]. The Diplomat, 2014.

[81] Tinbergen J. An Analysis of World Trade Flows [J]. Shaping the World Economy, 1962 (3): 1-117.

[82] Von Thünen J H. Der Isolirte Staat in Beziehung Auf Landwirtschaft und nationalökonomie [M]. Wiegant, Hempel & Parey, 1875.

[83] Wu T H, Lin J N. Solving the Competitive Discretionary Service Facility Location Problem [J]. European Journal of Operational Research, 2003, 144 (2): 366-378.

[84] Wilson J, Mann C, Otsuki T. Trade Facilitation and Economic Development: Measuring the Impact [M]. The World Bank, 2003.

[85] Winter T. One Belt, One Road, One Heritage: Cultural Diplomacy and the Silk Road [J]. The Diplomat, 2016 (29): 1-5.

[86] Vernon R. Passing Through Regionalism: the Transition to Global Markets [J]. World Economy, 1996, 19 (6): 621-633.

[87] von Thünen J H. Der Isolierte Staat in Beziehung Auf Nationalökonomie und landwirtschaft [J]. Gustav Fischer, Stuttgart (Reprinted 1966), 1826.

[88] Vernon R. International Investment and International Trade in the Product Cycle [M]. International Economic Policies and Their Theoretical Foundations (Second Edition), 1992: 415-435.

[89] Weber A. Ueber Den Standort der Industrien [M]. Рипол Классик, 1909.

[90] Yunling Z. One Belt, One Road [J]. Global Asia, 2015, 10 (3): 8-12.

[91] Yu H. Motivation behind China's "One Belt, One Road" initiatives and Establishment of the Asian Infrastructure Investment Bank [J]. Journal of Contemporary China, 2017, 26 (105): 353-368.

[92] Zaccaro S J, Horn Z N J. Leadership Theory and Practice: Fostering an Effective Symbiosis [J]. The Leadership Quarterly, 2003, 14 (6): 769-806.

[93] 白永秀，王泽润，王颂吉．丝绸之路经济带工业产能合作研究 [J]. 经济纵横，2015 (11): 28-34.

[94] 毕燕茹，师博．中国与中亚五国贸易潜力测算及分析——贸易互补性指数与引力模型研究 [J]. 亚太经济，2010 (3): 47-51.

[95] 陈伟光，郭晴．中国对“一带一路”沿线国家投资的潜力估计与区位选择 [J]. 宏观经济研究，2016 (9): 148-161.

[96] 陈萍萍．“一带一路”沿线国家经济自由度与中国 OFDI 区位选择的关系研究 [J]. 重庆科技学院学报（社会科学版），2016 (7): 29-32.

[97] 陈岩，翟瑞瑞，郭牛森．基于多元距离视角的中国对外直接投资决定因素研究 [J]. 系统工程理论与实践，2014, 34 (11): 2760-2771.

[98] 陈怀超，范建红，牛冲槐．制度距离对中国跨国公司知识转移效果的影响研究——国际经验和社会资本的调节效应 [J]. 科学学研究，2014, 32 (4): 593-603.

[99] 陈创练，谢学臻，林玉婷．全球贸易效率和贸易潜力及其影响因素分析 [J]. 国际贸易问题，2016 (7): 27-39.

[100] 陈琳，谢学臻，刘琳．中国出口的贸易效率与贸易潜力：1980～2015 [J]．国际经贸探索，2018，34（1）：33-50.

[101] 陈衍泰，范彦成，李欠强．“一带一路”国家国际产能合作中东道国选址研究——基于国家距离的视角 [J]．浙江工业大学学报（社会科学版），2016，15（3）：241-249.

[102] 陈俊龙，汤吉军．管理授权、国有股最优比例与产能过剩——基于混合寡占模型的研究 [J]．当代财经，2016（2）：74-84.

[103] 陈万钦，霍小龙．推进国际钢铁产能合作若干问题的思考——以河北钢铁产能“走出去”为例 [J]．国际经济合作，2015（9）：23-28.

[104] 程惠芳，阮翔．用引力模型分析中国对外直接投资的区位选择 [J]．世界经济，2004（11）：23-30.

[105] 程俊杰．转型时期中国地区产能过剩测度——基于协整法和随机前沿生产函数法的比较分析 [J]．经济理论与经济管理，2015（4）：13-29.

[106] 程俊杰．转型时期中国产能过剩测度及成因的地区差异 [J]．经济学家，2015（3）：74-83.

[107] 蔡孝箴．区域经济学研究的新进展——简评《区域经济学丛书》[J]．城市，2008（1）：68-69.

[108] 董小君．通过国际转移化解过剩产能：全球五次浪潮、两种模式及中国探索 [J]．经济研究参考，2014（55）：3-18，53.

[109] 丁剑平，刘敏．中欧双边贸易的规模效应研究：一个引力模型的扩展应用 [J]．世界经济，2016，39（6）：100-123.

[110] 邸玉娜，由林青．中国对“一带一路”国家的投资动因、距离因素与区位选择 [J]．中国软科学，2018（2）：168-176.

[111] 刁莉，罗培，胡娟．丝绸之路经济带贸易潜力及影响因素研究 [J]．统计研究，2017，34（11）：56-68.

[112] 杜江，宋跃刚．制度距离、要素禀赋与中国 OFDI 区位选择偏好——基于动态面板数据模型的实证研究 [J]．世界经济研究，2014（12）：47-52，85.

[113] 冯雷鸣，李丛珊，李青原．中国对外基础设施建设投资风险评价研究——以“一带一路”沿线 10 国为例 [J]．国际经济合作，2018（3）：56-59.

[114] 方英，马芮．中国与“一带一路”沿线国家文化贸易潜力及影响因素：基于随机前沿引力模型的实证研究［J］．世界经济研究，2018（1）：112-121，136.

[115] 傅梦孜，楼春豪．关于21世纪“海上丝绸之路”建设的若干思考［J］．现代国际关系，2015（3）：1-8，63.

[116] 龚新蜀，乔姗姗，胡志高．丝绸之路经济带：贸易竞争性、互补性和贸易潜力——基于随机前沿引力模型［J］．经济问题探索，2016（10）：145-154.

[117] 高志刚，张燕．中巴经济走廊建设中双边贸易潜力及效率研究——基于随机前沿引力模型分析［J］．财经科学，2015（11）：101-110.

[118] 郭建鸾，闫冬．“一带一路”倡议下国际产能合作风险与对策研究［J］．国际贸易，2017（4）：19-25.

[119] 郭朝先，刘芳，皮思明．“一带一路”倡议与中国国际产能合作［J］．国际展望，2016（3）：17-36，143.

[120] 谷克鉴．国际经济学对引力模型的开发与应用［J］．世界经济，2001（2）：14-25.

[121] 贺书锋，平瑛，张伟华．北极航道对中国贸易潜力的影响——基于随机前沿引力模型的实证研究［J］．国际贸易问题，2013（8）：3-12.

[122] 何茂春，张冀兵，张雅芃等．“一带一路”战略面临的障碍与对策［J］．新疆师范大学学报（哲学社会科学版），2015，36（3）：36-45，2.

[123] 韩永辉，罗晓斐，邹建华．中国与西亚地区贸易合作的竞争性和互补性研究——以“一带一路”战略为背景［J］．世界经济研究，2015（3）：89-98，129.

[124] 韩爽，李凯．钢铁工业国际转移问题研究［J］．东北大学学报（社会科学版），2005（5）：334-337.

[125] 黄新飞，舒元，徐裕敏．制度距离与跨国收入差距［J］．经济研究，2013，48（9）：4-16.

[126] 黄立群．“一带一路”贸易畅通策略研究［J］．国际贸易，2016（8）：52-56.

[127] 黄健柏．破解金属资源安全保障的“中国难题”［J］．有色冶金节

能，2013（1）：6-9.

［128］黄福广，彭涛，邵艳．地理距离如何影响风险资本对新企业的投资［J］．南开管理评论，2014，17（6）：83-95.

［129］黄健柏，刘京星．“一带一路”战略背景下金属产业国际产能合作研究［J］．中国人口·资源与环境，2017，27（7）：1-7.

［130］胡俊超，王丹丹．“一带一路”沿线国家国别风险研究［J］．经济问题，2016（5）：1-6，43.

［131］胡晓鹏．产业共生：理论界定及其内在机理［J］．中国工业经济，2008（9）：118-128.

［132］蒋冠宏，蒋殿春．中国对外投资的区位选择：基于投资引力模型的面板数据检验［J］．世界经济，2012，35（9）：21-40.

［133］蒋冠宏．制度差异、文化距离与中国企业对外直接投资风险［J］．世界经济研究，2015（8）：37-47，127-128.

［134］蒋姮．“一带一路”地缘政治风险的评估与管理［J］．国际贸易，2015（8）：21-24.

［135］江飞涛，耿强，吕大国等．地区竞争、体制扭曲与产能过剩的形成机理［J］．中国工业经济，2012（6）：44-56.

［136］江飞涛．治理产能过剩的短期政策建议［J］．中国报道，2013（3）：2.

［137］金奇．中国工业企业盈利能力呈现分化［J］．自动化与仪表，2016（4）：76-76.

［138］金相郁．20世纪区位理论的五个发展阶段及其评述［J］．经济地理，2004（3）：294-298，317.

［139］贾根良，杨威．战略性新兴产业与美国经济的崛起——19世纪下半叶美国钢铁业发展的历史经验及对中国的启示［J］．经济理论与经济管理，2012（1）：97-110.

［140］科林·弗林特，张晓通．“一带一路”与地缘政治理论创新［J］．外交评论（外交学院学报），2016（3）：1-24.

［141］孔庆峰，董虹蔚．“一带一路”国家的贸易便利化水平测算与贸易潜力研究［J］．国际贸易问题，2015（12）：158-168.

［142］刘青峰，姜书竹．从贸易引力模型看中国双边贸易安排［J］．浙江社会科学，2002（6）：16-19.

［143］刘江会，陈雷，朱敏．地理距离、城市网络连通性与IPO折价［J］．上海经济研究，2020（1）：95-106.

［144］刘开雄，赵晓辉．“一带一路”有望提振全球有色金属市场［N］．中国矿业报，2015-06-02（A01）.

［145］刘翔峰．“一带一路”战略下的中哈经贸合作［J］．国际贸易，2015（11）：34-38.

［146］刘晓凤，葛岳静，赵亚博．国家距离与中国企业在“一带一路”投资区位选择［J］．经济地理，2017，37（11）：99-108.

［147］刘瑞，高峰．“一带一路”战略的区位路径选择与化解传统产业产能过剩［J］．社会科学研究，2016（1）：45-56.

［148］刘畅，陈建明，孙晓蕾．“一带一路”沿线资源国国家风险与出口潜力区位选择［J］．中国能源，2016，38（3）：19-24.

［149］刘勇，黄子恒，杜帅等．国际产能合作：规律、趋势与政策［J］．上海经济研究，2018（2）：100-107.

［150］刘海云，聂飞．金砖体系下中国双边出口效率及其影响因素分析——基于随机前沿引力模型的实证研究［J］．国际经贸探索，2015（1）：16-27，100.

［151］刘志侃，刘果果，朱坦．中介体——产业共生发展的推动者［J］．生态经济，2013（1）：98-101，105.

［152］刘志迎，郎春雷．基于共生的产业经济分析范式探讨［J］．经济学动态，2004（2）：29-31.

［153］李亚波．中国与智利双边货物贸易的潜力研究——基于引力模型的实证分析［J］．国际贸易问题，2013（7）：62-69.

［154］李原，汪红驹．“一带一路”沿线国家投资风险研究［J］．河北经贸大学学报，2018，39（4）：45-55.

［155］李自国．“一带一路”愿景下民心相通的交融点［J］．新疆师范大学学报（哲学社会科学版），2016，37（3）：67-74.

［156］李克强．国务院关于推进国际产能和装备制造合作的指导意见

[J]. 中华人民共和国国务院公报，2015（15）：45-51.

[157] 李颖，陈其慎，柳群义等. 中国海外矿产资源供应安全评价与形势分析 [J]. 资源科学，2015（5）：900-907.

[158] 李文宇，刘洪铎. 多维距离视角下的“一带一路”构建——空间、经济、文化与制度 [J]. 国际经贸探索，2016，32（6）：99-112.

[159] 李豫新，孙培蕾. 丝绸之路经济带核心区农产品贸易潜力研究 [J]. 江西财经大学学报，2017（6）：87-96.

[160] 李晓，李俊久. “一带一路”与中国地缘政治经济战略的重构 [J]. 世界经济与政治，2015（10）：30-59，156-157.

[161] 李晓敏，李春梅. 东道国制度质量对中国对外直接投资的影响——基于“一带一路”沿线国家的实证研究 [J]. 东南学术，2017（2）：119-126.

[162] 李向阳. 论海上丝绸之路的多元化合作机制 [J]. 世界经济与政治，2014（11）：4-17，155.

[163] 李骁，薛力. 21 世纪海上丝绸之路：安全风险及其应对 [J]. 太平洋学报，2015，23（7）：50-64.

[164] 李思强. 峻里小说断想 [J]. 西安教育学院学报，2004（1）：5-72.

[165] 李春顶. 推动贸易畅通，促进“一带一路”贸易合作 [J]. 中国报道，2019（5）：96.

[166] 吕延方，王冬. “一带一路”有效实施：经济规模、地理与文化距离 [J]. 经济学动态，2017（4）：30-40.

[167] 鲁晓东，赵奇伟. 中国的出口潜力及其影响因素——基于随机前沿引力模型的估计 [J]. 数量经济技术经济研究，2010（10）：21-35.

[168] 卢锋，李昕，李双双等. 为什么是中国？——“一带一路”的经济逻辑 [J]. 国际经济评论，2015（3）：9-34，4.

[169] 杨振. 激励扭曲视角下的产能过剩形成机制及其治理研究 [J]. 经济学家，2013，10（10）：48-54.

[170] 杨振兵，张诚. 中国工业部门产能过剩的测度与影响因素分析 [J]. 南开经济研究，2015（6）：92-109.

[171] 杨培鸿. 重复建设的政治经济学分析：一个基于委托代理框架的模

型［J］. 经济学（季刊），2006（1）：467-478.

［172］林民旺 . 印度对“一带一路”的认知及中国的政策选择［J］. 世界经济与政治，2015（5）：42-57，157-158.

［173］孟醒，董有德 . 社会政治风险与中国企业对外直接投资的区位选择［J］. 国际贸易问题，2015（4）：106-115.

［174］罗雨泽 . 推进“一带一路”设施联通的思路和政策［J］. 重庆理工大学学报（社会科学），2017，31（7）：1-5.

［175］梅燕雄，叶锦华，张金良等 .“一带一路”能源资源合作基础与前景［J］. 中国矿业，2016（2）：12-15.

［176］马建英 . 美国对中国“一带一路”倡议的认知与反应［J］. 世界经济与政治，2015（10）：104-132，159-160.

［177］聂文静，李太平 . 中国贸易产业的经济距离及比较优势分析［J］. 国际贸易问题，2015（10）：25-36.

［178］潘镇，金中坤 . 双边政治关系、东道国制度风险与中国对外直接投资［J］. 财贸经济，2015（6）：85-97.

［179］曲凤杰 . 从群马模式中突围 构筑新雁群模式［J］. 宏观经济管理，2016（9）：58-62.

［180］曲凤杰 . 从群马模式中突围，构筑新雁群模式——通过国际产能合作建立中国主导的区域产业分工体系［J］. 国际贸易，2017（2）：26-30.

［181］曲如晓，杨修，刘杨 . 文化差异、贸易成本与中国文化产品出口［J］. 世界经济，2015，38（9）：130-143.

［182］祁春凌，邹超 . 东道国制度质量、制度距离与中国的对外直接投资区位［J］. 当代财经，2013（7）：100-110.

［183］綦建红，李丽，杨丽 . 中国 OFDI 的区位选择：基于文化距离的门槛效应与检验［J］. 国际贸易问题，2012（12）：137-147.

［184］石莹，何爱平 . 丝绸之路经济带的能源合作与环境风险应对［J］. 改革，2015（2）：115-123.

［185］宋勇超，郭丹杨 . 中国对外直接投资与出口潜力测算［J］. 统计与决策，2018（16）：149-152.

［186］史伟，李申禹，陈信康 . 国家距离对跨国零售企业东道国选择的影

响［J］. 国际贸易问题，2016（3）：117-127.

［187］帅竞，郭晴，严良．基于引力模型的中国精炼铜贸易潜力的实证研究［J］. 宏观经济研究，2015（6）：135-143.

［188］施炳展，李坤望．中国出口贸易增长的可持续性研究——基于贸易随机前沿模型的分析［J］. 数量经济技术经济研究，2009（6）：64-74.

［189］申现杰，肖金成．国际区域经济合作新形势与中国“一带一路”合作战略［J］. 宏观经济研究，2014（11）：30-38.

［190］孙海泳．中外产能合作：指导理念与支持路径［J］. 国际问题研究，2016（3）：85-94.

［191］孙畅．产业共生视角下产业结构升级的空间效应分析［J］. 宏观经济研究，2017（7）：114-127.

［192］孙力．“一带一路”愿景下政策沟通的着力点［J］. 新疆师范大学学报（哲学社会科学版），2016，37（3）：33-39，2.

［193］盛斌，廖明中．中国的贸易流量与出口潜力：引力模型的研究［J］. 世界经济，2004（2）：3-12.

［194］施炳展，冼国明，逯建．地理距离通过何种途径减少了贸易流量［J］. 世界经济，2012，35（7）：22-41.

［195］唐强荣，徐学军．基于共生理论的生产性服务企业与制造企业合作关系的实证研究［J］. 工业技术经济，2008，27（12）：81-83.

［196］谭晶荣，王丝丝，陈生杰．“一带一路”背景下中国与中亚五国主要农产品贸易潜力研究［J］. 商业经济与管理，2016（1）：90-96.

［197］田原，李建军．中国对“一带一路”沿线国家 OFDI 的区位选择——基于资源与制度视角的经验研究［J］. 经济问题探索，2018（1）：79-88.

［198］谭秀杰，周茂荣．21 世纪“海上丝绸之路”贸易潜力及其影响因素——基于随机前沿引力模型的实证研究［J］. 国际贸易问题，2015（2）：3-12.

［199］谭畅．“一带一路”战略下中国企业海外投资风险及对策［J］. 中国流通经济，2015，29（7）：114-118.

［200］谈飞，赵莹，王豹．制度因素对中国能源类企业 OFDI 区位选择的

影响——基于“一带一路”倡议背景［J］. 资源开发与市场，2018，34（8）：1139-1144.

［201］王永钦，杜巨澜，王凯．中国对外直接投资区位选择的决定因素：制度、税负和资源禀赋［J］. 经济研究，2014，49（12）：126-142.

［202］王庆喜，徐维祥．多维距离下中国省际贸易空间面板互动模型分析［J］. 中国工业经济，2014（3）：31-43.

［203］王义桅．“一带一路”超越地缘政治［N］. 人民日报，2016-06-24（5）.

［204］王冬，吕延方．不同路线外包对中国主要产业效率的影响——基于动态面板模型的实证检验［J］. 经济管理，2012，34（1）：21-33.

［205］王亮，吴浜源．丝绸之路经济带的贸易潜力——基于“自然贸易伙伴”假说和随机前沿引力模型的分析［J］. 经济学家，2016（4）：33-41.

［206］王昶，黄健柏．中国金属资源战略形势变化及其产业政策调整研究［J］. 中国人口·资源与环境，2014（S3）：391-394.

［207］王吉全．用中国装备和国际产能合作结缘世界 推动形成优进优出开放型经济新格局［N］. 人民日报，2015-04-04（1）.

［208］王志远．“一带一路”愿景下贸易畅通的新视点［J］. 新疆师范大学学报（哲学社会科学版），2016，37（3）：47-54.

［209］王亚军．民心相通为“一带一路”固本强基［J］. 行政管理改革，2019（3）：12-17.

［210］王志民．建设南方“丝绸之路经济带”的地缘环境探析［J］. 当代世界与社会主义，2015（1）：118-124.

［211］王晚晴．中国与“一带一路”国家钢铁产能合作发展研究［D］. 天津财经大学硕士学位论文，2017.

［212］吴凤娇，陈炳华．应用引力模型评判海峡两岸贸易流量和潜力［J］. 国际经贸探索，2007（6）：34-39.

［213］吴飞驰．“万物一体”新诠——基于共生哲学的新透视［J］. 中国哲学史，2002（2）：29-34.

［214］吴飞驰．关于共生理念的思考［J］. 哲学动态，2000（6）：21-24.

［215］文淑惠，张昕．中南半岛贸易潜力及其影响因素——基于随机前沿

引力模型的实证分析［J］. 国际贸易问题，2017（10）：97-108.

［216］卫丁，许臻真. 中亚五国与中国贸易的影响因素分析——基于扩展的引力模型［J］. 经济问题，2017（6）：114-119.

［217］万伦来，高翔. 文化、地理与制度三重距离对中国进出口贸易的影响——来自32个国家和地区进出口贸易的经验数据［J］. 国际经贸探索，2014，30（5）：39-48.

［218］魏伟忠，张旭昆. 区位理论分析传统述评［J］. 浙江社会科学，2005（5）：184-192.

［219］薛力. 中国“一带一路”战略面对的外交风险［J］. 国际经济评论，2015（2）：68-79，5.

［220］夏先良. 构筑“一带一路”国际产能合作体制机制与政策体系［J］. 国际贸易，2015（11）：26-33.

［221］徐钰清，钟建军.“丝绸之路经济带”贸易潜力分析——基于随机前沿引力模型［J］. 科技与管理，2016（3）：52-57.

［222］徐长春. 国际产能合作方向及风险防范对策［A］. 中国经济分析与展望（2015~2016），2016（11）.

［223］徐坡岭，刘来会.“一带一路”愿景下资金融通的突破点［J］. 新疆师范大学学报（哲学社会科学版），2016，37（3）：55-66.

［224］杨玲玲. 人民币汇率变动对中美、中欧及中日贸易的影响——基于引力模型的实证研究［J］. 世界经济情况，2009（8）：33-38.

［225］杨亚平，高玥.“一带一路”沿线国家的投资选址——制度距离与海外华人网络的视角［J］. 经济学动态，2017（4）：41-52.

［226］杨波，朱洪飞. 政治稳定性、经济自由度与跨国并购区位选择——基于美国企业的实证研究［J］. 亚太经济，2018（4）：47-55，150.

［227］杨玲丽. 工业共生中的政府作用——以贵港生态工业园为案例［J］. 技术经济与管理研究，2010（S2）：90-93.

［228］袁德胜，朱小明，曹亮. 中国农产品出口增长的二元边际——基于引力模型的实证研究［J］. 宏观经济研究，2014（7）：42-50，66.

［229］袁丽梅，朱谷生. 中国开展国际产能合作的动力因素及策略［J］. 企业经济，2016（5）：172-177.

［230］袁纯清．共生理论及其对小型经济的应用研究（上）［J］．改革，1998（2）：100-104.

［231］叶德利．中国和印度贸易发展潜力和贸易政策修正探析［J］．国际经贸探索，2005（5）：32-35.

［232］闫敏．加速结构调整 推动业态创新——外贸形势回顾与2016年展望［J］．宏观经济管理，2015（12）：9-13.

［233］于津平，顾威．“一带一路”建设的利益、风险与策略［J］．南开学报（哲学社会科学版），2016（1）：65-70.

［234］于海龙，张振．“一带一路”背景下中国农业对外合作的潜力、风险与对策研究［J］．经济问题，2018（2）：108-112，122.

［235］余壮雄，付利．中国企业对外投资的区位选择：制度障碍与先行贸易［J］．国际贸易问题，2017（11）：115-126.

［236］张军．“一带一路”战略下中资商业银行国际化区位选择［J］．经济问题探索，2016（12）：107-112.

［237］张述存．境外资源开发与国际产能合作转型升级研究——基于全球产业链的视角［J］．山东社会科学，2016（7）：135-141.

［238］张洪，梁松．共生理论视角下国际产能合作的模式探析与机制构建——以中哈产能合作为例［J］．宏观经济研究，2015（12）：121-128.

［239］张梅．对外产能合作：进展与挑战［J］．国际问题研究，2016（1）：107-119.

［240］张彬，杨勇．欧洲经济一体化的贸易效应对中欧贸易的影响探析［J］．国际贸易问题，2008（12）：43-52.

［241］张明．直面“一带一路”的六大风险［J］．国际经济评论，2015（4）：38-41.

［242］张亚斌．“一带一路”投资便利化与中国对外直接投资选择——基于跨国面板数据及投资引力模型的实证研究［J］．国际贸易问题，2016（9）：165-176.

［243］张帅，刘文翠．“丝绸之路经济带”背景下哈萨克斯坦投资风险测度及预警研究［J］．统计与信息论坛，2016，31（4）：34-40.

［244］张瑞良．中国对“一带一路”沿线国家OFDI区位选择研究——基

于制度距离视角［J］. 山西财经大学学报，2018，40（3）：25-38.

［245］张瑞良．制度变迁理论视角下的改革——以营改增与商事制度改革为例［J］. 经济问题，2017（11）：6-10.

［246］张帅梁．非 WTO 国际法规范适用于 WTO 文化贸易的可行性——以中美文化产品案的法律适用问题为视角［J］. 国际经贸探索，2012，28（3）：88-98.

［247］钟飞腾．"一带一路"产能合作的国际政治经济学分析［J］. 山东社会科学，2015（8）：40-49.

［248］张昆．传播先行，实现民心相通——服务丝绸之路经济带建设的国家传播战略［J］. 人民论坛·学术前沿，2015（9）：62-72.

［249］卓丽洪，贺俊，黄阳华．"一带一路"战略下中外产能合作新格局研究［J］. 东岳论丛，2015（10）：175-179.

［250］赵东麒，桑百川．"一带一路"倡议下的国际产能合作——基于产业国际竞争力的实证分析［J］. 国际贸易问题，2016（10）：3-14.

［251］赵德宇，刘苏文．国际产能合作风险防控问题研究［J］. 国际经济合作，2016（3）：66-70.

［252］赵青，张华容．政治风险对中国企业对外直接投资的影响研究［J］. 山西财经大学学报，2016，38（7）：1-13.

［253］赵雨霖，林光华．中国与东盟 10 国双边农产品贸易流量与贸易潜力的分析——基于贸易引力模型的研究［J］. 国际贸易问题，2008（12）：69-77.

［254］周方银．"一带一路"面临的风险挑战及其应对［J］. 国际观察，2015（4）：61-72.

［255］周力，杨阳．气候风险、国际贸易与中国粮食安全［J］. 国际贸易问题，2014（5）：35-44.

［256］周平．"一带一路"面临的地缘政治风险及其管控［J］. 探索与争鸣，2016（1）：83-86.

［257］周伟，陈昭，吴先明．中国在"一带一路"OFDI 的国家风险研究：基于 39 个沿线东道国的量化评价［J］. 世界经济研究，2017（8）：15-25，135.

［258］周经，张利敏．制度距离、强效制度环境与中国跨国企业对外投资模式选择［J］．国际贸易问题，2014（11）：99-108.

［259］郑明贵，陈家愿．基于灰色关联法与 TOPSIS 的海外矿业投资金融风险评价［J］．资源与产业，2015，17（1）：67-73.

［260］郑蕾，刘志高．中国对“一带一路”沿线直接投资空间格局［J］．地理科学进展，2015（5）：563-570.

［261］邹嘉龄，刘春腊，尹国庆，唐志鹏．中国与“一带一路”沿线国家贸易格局及其经济贡献［J］．地理科学进展，2015（5）：598-605.

［262］左喜梅．丝绸之路经济带战略背景下中国与周边国家贸易影响因素及贸易潜力分析——基于扩展引力模型研究［J］．金融发展评论，2016（7）：130-145.

［263］曾向红．“一带一路”的地缘政治想象与地区合作［J］．世界经济与政治，2016（1）：46-71，157-158.

后 记

时光荏苒，如白驹过隙，从博士论文正式定稿后的反复修正、完善到专著的最终出版，前后历时近两年。本书是基于博士阶段研究成果的拓展和延伸，从关注中国钢铁产业面临的现实困境出发，具体研究在“一带一路”倡议下中国钢铁产业开展国际产能合作的策略。在整个研究过程中历经了许多困难和波折，期间得到了老师和同门师兄弟的诸多指点。其中，我的导师黄健柏教授给了我最大的支持和鼓励，从研究的立意到成文再到最终论文的发表，每一个观点的提出都是和老师无数次探讨的结果。此外，中南大学金属资源战略研究院的各位老师和同门也在论文的完成过程中给了我很多的启发和帮助。

研究的选题缘起于我的导师黄健柏教授主持的一项国家社科基金项目“产能过剩矛盾突出的行业发展趋势和调整化解对策研究”（13&ZD024）和一项国家自然科学重点项目“经济新常态下的国家金属资源安全管理及其政策研究”（71633006）。有幸参与这两项课题的研究工作给了我很大的启发，进而开始关注中国钢铁产业面临的严重产能过剩及所面临的化解难题，并在导师的指导下开始做一些专题研究，先后撰写了《“一带一路”倡议背景下金属产业国际产能合作研究》《中国与“一带一路”国家钢铁产能合作影响因素研究——基于多维动态距离的新视角》《随机前沿引力模型下中国与“一带一路”国家钢铁产能合作潜力及区位差异研究》等学术论文，发表在国内重要期刊上，这些研究为整个博士论文的构架打下了基础。

研究的深化得益于刘友金教授主持的国家社科基金重大项目“共生理论视角下中国与‘一带一路’国家间产业转移模式与路径研究”（17ZDA046）。作者作为该项目组的参与成员，本书内容也是该项目阶段性成果的一部分。在研究视角上，本书研究以共生理论作为重要的切入点，强调国家间互利共赢的合作方式，期望通过产能合作这一新的国际合作模式推进中国与沿线国家之间在钢铁产业领域的互惠互助；在研究方法上，突破了传统引力模型中单一且静态的地理距离概念，融入“一带一路”倡议的“五通”思想，提出了包含地理距离、经济距离、制度距离和文化距离在内的多维动态距离指标体系，并将其纳入引力模型，构建了新的分析框架；在研究内容上，产能合作作为现阶段产业转移的重要方式，本书重点探讨了产能合作的合作潜力、合作条件、合作风险、合作路径等问题，进而为探讨产业转移的时空特征和区位选择提供了经验证据。

研究的完善受助于本书的合作者刘天琦博士。刘天琦博士就职于由财政部批准设立的“一带一路”财经发展研究中心，该中心有比较丰富的关于“一带一路”研究的数据文本、图书资料和研究成果。刘天琦博士主要从事于“一带一路”问题研究，在本书的完成过程中，刘天琦博士在数据收集、方法选择和模型构建方面提供了很多帮助，同时花费大量时间参与本书的修改、完善与校对工作，为专著的完成付出了辛勤的劳动。

本书的成果虽然凝结了我们多年的研究积累，但从长期从事的研究工作来看，这仅仅还是一个起点。我们深知，受限于自己的学识水平及经验阅历，本书的研究还是比较初步并存在许多不足，现在斗胆出版，虽有些惶恐，但也是一个向各位专家及学术同仁请教和学习的机会。路漫漫其修远兮，未来我们将沿着这一研究方向继续努力探索。

刘京星

2020 年 9 月